WINNIFRIED LANGE

Ich war ein Gotteskind

Vierzig Jahre in der Neuapostolischen Kirche und dann ausgestiegen

Reihe: Religio - Texte
Nummer 6
IKS GARAMOND

ISBN: 3-934601-85-5
Bibliographische Information der Deutschen Bibliothek
Die deutsche Bibliothek verzeichnet diese Publikation in der
Deutschen Nationalbibliographie;
detaillierte bibliographische Daten sind im Internet über
http://dnb.ddb.de
abrufbar.

Als sich vor etwa zehn Jahren die ersten Kritiker und Aussteiger aus der Neuapostolischen Kirche (NAK) über Medienberichte, Interviews, Vorträge oder Buchveröffentlichungen an die Öffentlichkeit wandten, ging ein Aha-Effekt durch die interessierte Bevölkerung und ein Schock durch die Reihen der neuapostolischen Christen und deren Führung.

Die weite Öffentlichkeit war zuvor nicht informiert, welcher seelische Druck auf vielen Gläubigen lastet und welches innere Drama sich in Familien und einzelnen Menschen abspielt, ausgelöst durch das Glaubenssystem der NAK. Man kannte nur die nach außen warmherzig scheinende, Geborgenheit verheißende Gemeinschaft. Niemand machte sich mehr die Mühe, hinter die Fassaden der etablierten Kirche zu schauen. Die Aufmerksamkeit galt nicht der Frage, wie ein Mensch manipuliert, gesteuert und abhängig gemacht wird, insbesondere dann, wenn er in dieses System hineingeboren und darin sozialisiert wurde.

Innerhalb der NAK hat die öffentliche Kritik einen Sturm der Entrüstung ausgelöst. Ihr so stark gewähntes Glaubensfundament wurde erschüttert. Die fest verankerten Gläubigen haben die Kritiker bekämpft, verleumdet, noch weiter ausgegrenzt, eben so wie sie es von ihren Führern lernten. Manche fassten aber auch Mut, ihre eigene Meinung zu entwickeln, ihren Glauben zu hinterfragen, zu ihren Zweifeln zu stehen und ihren Standort zu bestimmen.

Winni Lange hat diesen Mut gefasst. Sie hat den Ängsten vor dem strafenden Gott widerstanden. Sie hat die Angst vor einer Zukunft im Verderben hinterfragt. Sie hat die Angst vor einem Fall ins Nichts überwunden. Und sie hat schließlich die soziale Isolation ausgehalten. Noch mehr: Sie ist nicht nur den Schritt heraus in eine ungewisse Freiheit gegangen, sondern hat ihre Gefühle, Erfahrungen und Veränderungen niedergeschrieben.

Sie hilft damit vielen Betroffenen, denn jedes offene Bekenntnis eines Aussteigers stärkt die Hoffnung und macht Mut, den eigenen Weg in die Freiheit zu finden.

Ja. In die Freiheit. Auch heute noch muss man dies so benennen. So gerne betonen einige der heutigen NAK-Führer oder Gläubigen, dass doch alles ganz anders geworden sei, als dies von den Aussteigern der 90er-Jahre behauptet wurde. Aber hat sich wirklich und wesentlich etwas verändert? In den Wirkungen und im Wesen der Lehre und der Sozialisierung?

Mit dem formalistischen Hinweis auf den Status einer Körperschaft des öffentlichen Rechts versucht man oft, eine Erörterung der Frage zu unterbinden, in welchem Ausmaß typische Sektenmerkmale in der NAK-Organisation und -Lehre erkennbar sind, vor allem in Bezug auf sektenspezifische Wirkungsmechanismen. In den letzten Jahren hat die Kirchenführung gezielte Strategien entwickelt, um ein positives, modernes Bild in der Öffentlichkeit zu vermitteln und um Anerkennung im politischen und gesellschaftlichen Raum zu finden. Mit den großen Kirchen werden Gespräche geführt, um zu suggerieren, man öffne sich dem ökumenischen Gedanken.

Jedoch: Nach wie vor lebt die Gemeinschaft von ihrem Exklusivanspruch. Der Heilige Geist ist ein nur innerhalb der NAK verfügbares Gut. Nur er macht die Menschen zu Gottes Kindern. Deshalb bilden allein die Gläubigen der NAK das auserwählte Volk, das königliche Priestertum Gottes, die zukünftige Regierung im tausendjährigen Reich des Friedens. „Nur sie sind Wiedergeborene", andere Menschen sind Fleischgeborene, „tun nichts für das ewige Leben und sind umsonst geboren", wie dies Bezirksapostel Klaus Saur im nahezu weltweit über Satellit ausgestrahlten Gottesdienst des Stammapostels an

Pfingsten 2001 ausdrückte. Oder sie werden als „graue Masse, die nicht genau weiß, woher sie kommt, warum sie hier ist, und wohin sie geht" (Stammapostel FEHR) bezeichnet.

Nach ihrem Anspruch ist „die Neuapostolische Kirche die Kirche Jesu Christi, gleich den apostolischen Gemeinden zur Zeit der ersten Apostel."[1]

Nach wie vor sind ausschließlich die Apostel der NAK befähigt, den Heiligen Geist zu spenden und Sünden zu vergeben. Nur die NAK hat lebende Apostel, die sich als „Jesus im Fleisch", als „Gnadenstuhl", als „Engel des Menschensohnes" betrachten. Nur diese Apostel können den Heiligen Geist spenden und unter dem weltweiten Leiter, dem Stammapostel, die Gläubigen zur Vollendung bei der Wiederkunft Christi führen. In missbräuchlicher Analogie zu den Worten Jesu titulieren sich die Apostel als das Licht der Kirche (Jugendtag 2002 Nordrhein-Westfalen).

Nach wie vor ist die Ämterstruktur der NAK streng männlich und hierarchisch ausgerichtet. An der Spitze steht „als das sichtbare Haupt der Kirche Jesu Christi" und im Bewusstsein der Gläubigen als „Repräsentant des Herrn auf Erden"[2] der Stammapostel. Der jeweils in der Hierarchie höherstehende Amtsträger genießt absolute Autorität. Seinen Worten ist Gehorsam zu leisten. Ihm gegenüber ist „treue Nachfolge zu üben", zu ihm ist „aufzuschauen", ihm ist „kindlich zu glauben", weil in ihm jeweils „der Herr" verkörpert ist.

Nach wie vor wird nur „in der Neuapostolischen Kirche das von Jesu begonnene Erlösungswerk durch die von ihm gesandten Apostel vollendet."[3] Den Abschluss dieser Vollendung bildet die Wiederkunft Jesu Christi,

1 FRAGEN UND ANTWORTEN ÜBER DEN NEUAPOSTOLISCHEN GLAUBEN, 1992, Nr. 167.
2 ebd., Nr. 177
3 ebd., Nr. 171

auf die die Gläubigen der NAK täglich warten. Bei dieser Wiederkunft wird Jesus nach NAK-Glauben nur die treu gebliebenen und reif gewordenen bzw. vollendeten neuapostolischen Gläubigen zu sich heimholen. Sie werden als „Braut des Lammes" im Himmel Hochzeit feiern, während über die Erde das „große Verderben" hereinbricht und der größte Teil der Menschheit vernichtet wird.

Nach wie vor ist kritisches Denken und Hinterfragen unerwünscht. Denn das ohnehin auf theologisch schwachen Stützen ruhende Glaubensgebäude droht leicht einzustürzen. So versucht man mit Kritik abwertend, ironisierend oder gar drohend umzugehen. Im Kalender UNSERE FAMILIE 2002 schreibt ein Bez. Apostel (ARMIN STUDER):

> *Der himmlische Vater, der ins Verborgene sieht, kann auch unsere geheimsten Gedanken lesen! Nun gibt es Fliegen oder Mücken, die, so klein sie auch sind, Infektionen und Krankheiten übertragen, welche in gewissen Fällen sogar zum Tod führen.*
>
> *So hat manch geistiger Tod mit einem ‚harmlosen' Gedanken begonnen; das Ende war schrecklich. Deshalb wollen wir unsere Gedanken immer wieder reinigen und heiligen lassen und denken dabei an die von Jesu vollzogene radikale Tempelreinigung.*

Ein Paradebeispiel für die unverändert gepflegte ‚Kunst' seelischer Manipulation, ja seelischen Missbrauchs! Statt konkrete Inhalte zu benennen, die er für das neuapostolische „Seelenleben" gefährdend hält, bleibt es bei diffusen Andeutungen, die möglicherweise aufkommende Zweifel an der exklusiv-elitären Lehre im Keim ersticken sollen. Was unter das Denkverbot fällt, bleibt so dem Einzelnen und seiner Abhängigkeit von der neuapostolischen „Frohbotschaft" überlassen, die in diesem System noch immer viel zu oft zur Drohbotschaft verkommt.

Solange solche Statements den NAK-Mitgliedern präsentiert werden, kann es mit wahrhaftigem Reformdenken in der (Schweizer) Kirchenleitung m.E. nicht weit her sein!

Am 23.09.2001[4] erklärte der Stammapostel in einem GD in Fellbach: „Wenn das Wort Gottes keine Wirkung mehr zeigt, wenn es nicht mehr mit Gottesfurcht aufgenommen wird, wenn es ‚seziert', auseinander genommen, hinterfragt und durchdiskutiert wird, müssen wir uns nicht wundern, dass daraus kein starker Glaube mehr wächst. ‚Glaubt ihr nicht, so bleibt ihr nicht.' Wir wollen also glauben!"

Die Angst wird durch die Predigten, die ja nicht hinterfragbar, weil göttlich sind, zurückverlagert auf die Gläubigen. Kritiker werden als von Gott Abgefallene oder Feinde Gottes bezeichnet. Die Folgen und die Gefahr für die so indoktrinierten Gläubigen sind Unterwerfung und Gehorsam, Verdrängung eigener Gedanken und Gefühle, Spaltungen mitten durch die Familien, Trennung von Freundschaften, Ausgrenzungen und Verleumdungen. Auf diese Weise wird versucht, die Gläubigen bis mitten in die eigene Familie hinein vor der Ansteckung durch sog. Abgefallene zu bewahren.

In der NAK wird viel von „Reformen" geredet. Man beruhigt sich damit selbst und wehrt sich zugleich gegen die Argumente der Kritiker und Aussteiger mit dem Hinweis, es sei ja alles nicht mehr so wie früher und viel liberaler und auf positivem Weg. Aufgrund vieler Diskussionen, Gespräche und Beobachtungen in jüngster Zeit bemerken wir aber leider eine gegenteilige Entwicklung. Man erfreut sich daran, dass die heutigen jugendlichen NAK-Mitglieder tanzen oder ins Kino gehen dürfen, dass sie in die Disko gehen oder ins Fußballstadion. Und dabei merkt man gar nicht, dass es gar nicht um diese

4 Kirchenzeitschrift UNSERE FAMILIE vom 20.03.2002

Randfragen geht. Vielmehr versucht die ins Schlingern geratene Führung den alten fundamentalistischen Kurs in Lehrfragen zu festigen, weil sie sonst ihre Macht gefährdet sieht.

Das Entscheidende, das Winni Lange und viele Betroffenen bis zum heutigen Tage erfahren und durchleiden mussten, ist unverändert: Nicht das Individuum, der einzelne Mensch, ist wesentlich und wichtig, sondern die vorgefertigten schablonenhaften Lehrgebäude, die dem Gläubigen übergestülpt wurden. Das Individuelle hat keinen Platz. Von Amts wegen weiß die Kirche und ihre Funktionäre, was gut und richtig für den Einzelnen ist. Eine Stärkung des Selbstbewusstseins, eine Selbstverwirklichung, eine Entwicklung des wahren Ich, der individuellen Fähigkeiten, eine Ausfüllung der Freiheit eines Christenmenschen (nach Martin Luther) ängstigt die anderen Gläubigen und nimmt vor allem der Führung ihre Macht über die Menschen.

WAS SICH GEÄNDERT HAT IN DEN LETZTEN JAHREN?

Die Zahl der Aussteiger und Kritiker hat sich sprunghaft erhöht und ist stark am Wachsen. Selbsthilfegruppen wurden gegründet, in den Betroffene ihre zum Teil traumatischen und krankmachenden Erfahrungen in der NAK aufarbeiten konnten. Kritiker gingen in die Öffentlichkeit, zum einen weil der Leidensdruck zu groß geworden ist, zum anderen weil intern nach wie vor keinerlei Kritik-, Diskussions- oder Gesprächsmöglichkeit besteht. Erstmals konnten Ex-Mitglieder und Nochmitglieder, die innere Probleme hatten, sich offen und frei mit anderen Betroffenen ihre Spannungen von der Seele reden, ohne Zensur, Bewertung, Bestrafung oder sonstigen Sanktionen.

Als wir in Stuttgart 1993 die „Selbsthilfeinitiative für Aussteiger aus der Neuapostolischen Kirche“ gegründet haben, wurden wir förmlich überrollt von Hunderten von Gläubigen, die an und unter den Dogmen und Führern dieser Gemeinschaft gelitten haben. Uns liegen inzwischen Berge von Zuschriften von Menschen vor, deren Leben psychisch und physisch durch das NAK-Glaubenssystem beeinträchtigt wurde, dramatische und entsetzliche Schicksale, die von der NAK mit Arroganz vom Tisch gewischt werden. Unverändert kann man nur auf das Wort Jesu verweisen: An ihren Früchten sollt ihr sie erkennen. Unzählige Betroffene haben Kontakt, Informationen und Gespräche gesucht. Sie beschreiben das neuapostolische Glaubenssystem mit folgenden Charakteristika und Auffälligkeiten:

FREMDBESTIMMUNG, UNTERWERFUNG, GEHORSAM

Durch die stark autoritäre Führungsstruktur entsteht Fremdbestimmung und eine Tendenz zur Anpassung und Unterwerfung unter die in der Hierarchie Höherstehenden. Dies entsteht durch nahezu dogmatische Lehren vom sog. „kindlichen Glauben", von einer „blinden Nachfolge" und einem „bedingungslosen Gehorsam", die den Amtsträgern als den sogenannten Knechten des Herrn und Boten Gottes entgegengebracht werden müssen.

ÄNGSTE

Das System von Gehorsam und Fremdbestimmung in Verbindung mit der Endzeiterwartung erzeugt Ängste. Die Angstmechanismen werden gepflegt und unterstützt durch meist sehr willkürliche Vorgaben, die zu erfüllen sind, um bei der Errettung und Wiederkunft Christi teilnehmen zu können. So gilt es als schwere Sünde, auch nur einen der häufigen Gottesdienste zu versäumen. Ebenso wird der Segen Gottes nur in Aussicht gestellt, wenn alle innerkirchlichen, auch in der Bibel nicht begründbaren Vorschriften und Ratschläge eingehalten werden. Bei Nichteinhaltung drohen Strafen Gottes. Die Worte eines Apostels oder Amtsträgers zurückzuweisen, zu bezweifeln oder aktiv abzulehnen kann den Verlust göttlichen Segens zur Folge haben.

Isolation

Durch das Zusammenspiel von Endzeiterwartung und Elitedenken entsteht Isolation. Partnerschaften und Freundschaften werden vornehmlich innerhalb der Gemeinschaft gesucht, zumal „Weltmenschen“ keine Gotteskinder sind. Die gesamte Sozialisation von Kindheit an findet nur innerhalb der Gemeinschaft statt.

Manipulation von Kindern

Kinder werden vom dritten Lebensjahr an in die dogmatischen, zum Teil unbiblischen Lehren hineinmanipuliert. Spezielle, auch nicht kirchenöffentlich zugängliche Anleitungen und altersspezifische Unterrichtsmethoden dienen dazu, die Kinder gezielt zu indoktrinieren, ihnen vor allem die Führer als göttliche Personen einzupflanzen und sie zur Kritiklosigkeit und Abhängigkeit diesen Führern gegenüber zu erziehen. Man scheut nicht zurück, mit okkulten Bildern und Geschichten in Kindern Gefühle zu programmieren und subtile Ängste zu erzeugen. Damit sie später nicht am evangelischen oder katholischen Religionsunterricht oder am Ethik-Unterricht teilnehmen und hier möglicherweise eine andere Weltsicht oder Sicht des Christentums erhalten, hat die NAK in manchen Bundesländern einen eigenen Religions- und Ethikunterricht eingerichtet.

Der ständig stärker werdenden Aussteigerbewegung ist es ein Anliegen, die Wirklichkeit hinter den Mauern dieses Glaubenssystems ungeschminkt zu beschreiben und die Wirkungen nüchtern und sachlich darzustellen. Unendlich viel Leid, psychische Zerstörung von Menschen, Zerschlagung von Familien, Trennung von Partnerschaften, oft lebenslang aufzuarbeitende psychische Folgen wurden durch dieses System ausgelöst. Das Anliegen heißt Aufklärung und Information, damit sich

Betroffene die innerpsychischen Mechanismen bewusst machen und zur inneren Befreiung gelangen können, dass aber auch die Gesellschaft, Institutionen und Politik Klarheit über eines der letzten totalitären Glaubenssysteme erhalten kann.

Ein wichtiges Indiz für die Notwendigkeit der Informations- und Aufklärungskampagnen ist die Tatsache, dass seither die innere und äußere Emigration aus dieser Sondergemeinschaft rasant zunimmt. Menschen, die Mut zu ihren eigenen Gefühlen und Gedanken bekommen haben, kehren der Kirche den Rücken. Über 600 Kirchen wurden innerhalb von acht Jahren geschlossen. Die Mitgliederzahl in Deutschland sank von 430.000 Anfang der 90er Jahre auf 380.000. Noch viel größer ist die innere Emigration. Immer mehr Mitglieder, auch Amtsträger, bekennen sich hinter vorgehaltener Hand dazu, dass sie die Apostel und die Glaubensdogmen gar nicht mehr ernst nehmen und glauben.

Die noch verbliebenen Mitglieder und die Führer verweisen gerne auf die Änderungen, die in den letzten zehn Jahren vorgenommen wurden. Aber was sind das für Veränderungen? Die Fassade wird modernisiert, die Formeln verfeinert, kleine Ventile werden geöffnet, um den entstehenden Überdruck abzubauen. Der Führer, der Stammapostel verkündet ständig die Gründung neuer Kommissionen nach dem Motto: Wenn du mal nicht weiter weißt, gründe einen Arbeitskreis. Die seltenen Ergebnisse sind hin und wieder insofern erfreulich, als sie aufgrund der Bibel unhaltbare Lehrsätze korrigieren. Dem Glaubensvolk wird das allerdings so wohldosiert vermittelt, dass es unverständlich und damit vernebelt bleibt. Vor allem aber bleiben die Entschuldigungen dafür aus, dass frühe Kritiker der überholten Lehrsätze mit Schimpf und Schande bedacht, mit Verleumdung und zum Teil Exkommunikation bedacht wurden, mit allen tragischen Folgen für die Familien und die einzelnen Menschen.

Gewiss ist vieles zum Besseren gewendet. Aber den Anstoß dazu gab nicht die Führung, er ging von den Mitgliedern und Amtsträgern aus, die den Mut zum Ungehorsam entwickelten. Alles, was sich substantiell in den Jahren, seit es Aussteiger, Kritiker und vor allem die durch das Internet gebotene Informationsfreiheit gibt, geändert hat, ist, dass viel mehr an der Basis sich ihre eigene Meinung bilden und Mut zum eigenen Standpunkt haben. Sie lassen sich nicht mehr knechten und manipulieren. Immer mehr entdecken: Wir sind das Volk.

Diese Erkenntnis hat schon ein viel größeres und gewaltigeres Imperium zum Einsturz gebracht. Es ist zu hoffen und zu wünschen, dass mit dieser Erkenntnis und mit dem Mut zu den eigenen Gedanken und Gefühlen die NAK-Führung ihre Magie und Wirkung für die Gläubigen verliert. Wirkliche und wesentliche Veränderungen gehen nicht von der Führung aus, sondern von Gläubigen, die sich innerlich immer weiter distanzieren und der von der Führung gewollten Manipulation nicht mehr willfährig folgen.

Der sehr eindrucksvoll geschriebene Erfahrungsbericht von Winni Lange beschreibt endlich aus der Sicht einer „Glaubensschwester", welche Wirkungen dieses Glaubenssystem hervorbringen kann. Sowohl auf den Glauben, die Lebensphilosophie des Einzelnen, aber auch auf seine Einbettung in eine soziale Umgebung und die Möglichkeiten, sich daraus zu lösen. Bei der Lektüre der Lebens- und Leidensgeschichte von Winni Lange wird man hineingezogen sowohl in dieses Gefängnis als auch in den Prozess der Befreiung. Sie ist auf diesem Weg furchtbar – im wahrsten Wortsinne – alleine. Vom ersten Gedanken darüber, was geschieht, über den sie auch nicht mit anderen reden kann. Auch nicht mit sogenannten Seelsorgern, denn gerade diese angeblichen Vertrauenspersonen stigmatisieren sie, erzeugen in ihr Schuldgefühle, werfen sie zurück auf die Zweifel an sich selbst. Und dennoch bietet sie mit allen Kräften den Rest ihres Vertrauens auf, um dann erfahren zu müssen, wie kalt die „Liebe Gottes" im Apostel plötzlich wird, wenn sie einer „Andersdenkenden" begegnet.

Was wäre, wenn „die" doch recht haben? Was geschieht mit mir, wenn „der Herr kommt"? Was mache ich, wenn mir „Gott seinen Segen" entzieht? Verläuft mein Leben vielleicht so, weil ER schon die zweifelnden Gedanken tief in mir gesehen hat und mich jetzt bestrafen will, damit ich „auf den rechten Weg zurückkomme"? Solche Gedanken mögen Winni Lange begleitet, ja gepeinigt haben, als sie aus ihrem Leidensprozess heraus anfing nachzudenken.

Hat man die erste Hürde genommen und Gott als ein viel größeres, liebendes Wesen erkannt, kommt unversehens die nächste Angstbarriere: Was sagen meine Brüder und Schwestern, wenn sie erfahren, wie ich denke? Ich bin ja kein „treues Gotteskind" mehr. Die Gottesfamilie wird mich ausschließen. Die Angst wächst, in die Isolation zu geraten. Andere Freundschaften waren ja verpönt. Mit Weltkindern hat man keine enge Gemeinschaft gelebt. „Wo bleibe ich, wohin gehe ich?" Winni Lange hatte niemanden, der ihr diese Fragen beantworten konnte. Sie musste allein durch alle diese inneren Zerreißproben. Selbst durch die Familie geht in solchen Entwicklungen der Riss.

An diesem Punkt tritt bei manchen Aussteigern der Drehtüreffekt ein. Sie gehen aus einer Sekte heraus und werden in eine andere hineingetrieben, die ihnen gerade die Sicherheit und Wärme verheißt, die sie in der alten Gruppierung nicht mehr finden konnten. Aber bald wird sie auch dort die Realität einholen, die da heißt, dass in solchen fundamentalistischen Gruppen das Individuum nicht zählt. Die Gruppe entscheidet, bestimmt über Wohl und Wehe des Einzelnen. Gott selbst oder besser gesagt die ins Göttliche überhöhten Führer sprechen zu Fragen von Glauben und Sittenlehre, zu Moral, Sinn- und Lebensfragen, und dies kritiklos von Amts wegen. Aber nicht weil sie argumentieren oder weil sie den Menschen in seiner Not begreifen, sondern weil sie ein Amt haben.

Dies zu erkennen war der nächste Schlag für Winni Lange. Durch diesen Prozess musste sie hindurch gehen. Aber sie hat sich auf ihre Stärke besonnen, ihre eigene Religiosität und ein Gottvertrauen entwickelt. Mit der Entdeckung und dem Zutrauen zu ihrer eigenen Individualität und der Erfahrung ihrer Freiheit konnte sie der Mächtigkeit eines vereinnahmenden und dominierenden Glaubenssystems entkommen. Sie hat ihre Würde und Größe wieder gefunden. Und sie konnte feststellen: Nicht ich bin krank, sondern das System ist krank.

Mit der Beschreibung ihrer Entwicklung heraus aus dem Bann dieses Glaubenssystems macht Winni Lange jedem Aussteiger und allen Betroffenen Mut, Schritte in die Selbständigkeit zu wagen, zumindest anzufangen zu überprüfen, zu hinterfragen, sich nicht mehr abspeisen zu lassen mit platten Antworten.

Es ist zu wünschen, dass jeder von einer versklavenden zu einer befreienden, von einer schädigenden zu einer heilenden, von einer labilisierenden zu einer entwicklungsgerecht stabilisierenden Religiosität findet, die eine wahre Selbstverwirklichung und eine zielgerichtete Aufgabenbewältigung in allen Bereichen fördert.

Siegfried Dannwolf

Wege

Egal welchen Weg du auch gehst, bleibe einmal stehen und denke darüber nach, ob es dir gut dabei geht, ob du zufrieden auch in deinem Inneren bist. Auch du hast nur ein Leben und um jeden Tag ist es schade, den du vergeudest. Nicht jeder Weg ist für jeden gleich gut oder gleich schlecht. Richtig oder falsch? Wer weiß das schon mit Sicherheit. Es gibt Umwege, gerade, krumme, leichte, schwere Wege. Suche deinen Weg! Wenn du ihn gefunden hast, erst kurz, oder auch schon lange gehst, tue das unbeirrt. Egal, was andere darüber sagen. Wenn du das aus diesem tiefen, ehrlichen inneren Gefühl heraus tust, ist es für dich richtig. Es ist dein Weg. Es kommt vor, dass Menschen irren. Das ist normal, dafür sind wir Menschen. Auch unsere Fehler gehören zu uns. Manchmal kommen wir im Leben an Scheidewege, wo sich alles ändert, auch unseres. Denn zerbrochen am Rande liegen zu bleiben, wäre dumm und brächte nur Verlust. Gehe weiter, auch, wenn es dir trübe und trostlos erscheint. Auch, wenn du am Anfang nicht weißt, ob der Weg, den du einschlagen wirst, richtig ist. Notfalls kann man auch umkehren. Hinter der Kurve des neuen Weges, kann es aber auch sonnig und hell sein. Gehe deinen Weg unbeirrt! Es ist dein Weg. Du alleine entscheidest, wie es dir dabei gehen wird. Du alleine bist verantwortlich. So oder so. Ich danke meinen Eltern dafür, dass sie mich glauben und beten gelehrt haben und dass trotz allem ein einigermaßen brauchbarer Mensch aus mir geworden ist.

Monolog

Ich habe immer gelernt, dass man sich selber niemals loben soll. Eigenlob stinkt. Ich bin klein, ich bin nichts! Ich habe nichts aufzuweisen … wie man so sagt. Aber das ist lange her. So war das früher. Heute ist es anders. Ich habe mich ziemlich verändert. Einige sagen: Wie furchtbar! Manche mögen mich um so lieber. Ich lebe und bin zufrieden. Nicht nur das, ich habe einen wunderbaren Mann an meiner Seite und bin glücklich. Dass ich das noch einmal erleben würde, hätte ich nicht für möglich gehalten. Das fing an, in einem Moment tiefster Verzweiflung. Aber davon schreibe ich später mehr; es ist ein Zeichen dafür, dass es immer im Leben so kommt, wie es kommen soll. Nur die Hoffnung darf und sollte man niemals aufgeben. Wenn die Situation noch so ausweglos erscheint, kann es doch ein Weiter, eine Wende zum Guten geben. Ich weiß wovon ich rede, denn ich habe das erlebt. Meine momentane Situation ist die, dass ich leider nicht mehr arbeiten gehen kann, da ich ziemlich krank geworden bin. Doch ich mache das Beste aus meiner Situation. Inzwischen bekomme ich Rente und habe gelernt, mit meiner Krankheit umzugehen. Es ist zwar nicht immer leicht, aber es geht. Das Leben hat es trotz allem immer wieder gut mit mir gemeint. Dafür bin ich von Herzen dankbar. Immer wenn man denkt, es geht nicht mehr, kommt wirklich von irgendwo ein Lichtlein her. Zeitweise ging es bei mir nur ums Überleben. Aber weiter heißt es:

Dass du es noch einmal zwingst
und von Sonnenschein und Freude singst.
Leichter trägst, des Alltags schwere Last
und wieder Kraft und Mut und Glauben hast.

Die Last, die ich tragen musste, war schwer, nicht nur am Alltag. Manchmal drohte ich darunter zu zerbrechen. Irgendwann habe ich sogar wieder angefangen zu singen. Dieses Sprüchlein habe ich vor Jahren auf dem Flohmarkt gefunden und seitdem hängt es bei uns. Ich habe es am eigenen Leib erfahren und das trägt mich seither. Sicher habe ich meinen Teil dazu beigetragen, nicht nur abgewartet und die Hände in den Schoß gelegt. Aber ich bin überzeugt, dass Gottes Liebe und Gnade am wichtigsten sind, um im Leben klar zu kommen. Dabei hat sich bei mir eine Kleinigkeit oder, wie man es nimmt, etwas Wesentliches geändert, ich habe nämlich inzwischen begriffen, dass es nur einen Gott, einen für alle gibt. Dieser Gott schaut nicht auf ein frommes Gesicht oder die Häufigkeit der Gottesdienstbesuche in nur einer bestimmten Kirche. In seiner großen Liebe ist er ganz anders, als man mich es immer gelehrt hat. Wichtig ist mir deshalb, so zu leben, dass es ihm, wirklich ihm und nicht irgendwelchen Männern an seiner statt, wohl gefällt. An den Werken sollte man die Gesinnung erkennen, nicht an einer bestimmten Kirchenzugehörigkeit. Es gibt keinen Elitegott, sondern nur einen der Liebe. Ich denke, selbst wenn ich mich irre, sieht er wie ehrlich ich es meine und vergibt mir. Außerdem bin ich mir selbst wichtig geworden. Wenn ich in den Spiegel schaue, mag ich mich trotz der deutlichen Spuren in meinem Gesicht. Ich denke nicht mehr: ‚muss ich dich kennen, oder nur waschen?' Was ich fühle und denke ist mir nicht mehr einerlei. Im Gegenteil! Das Leben ist wunderbar, ich bin froh, dass ich lebe und habe noch manches vor. Ich habe gelernt, die Dinge, die ich nicht ändern kann zu akzeptieren, finde manchmal den Mut und die Kraft Unzulänglichkeiten anzusprechen und es gelingt mir etwas mehr als früher eines vom anderen zu unterscheiden. Dabei hoffe ich sehr, dass das Schlimmste wirklich überstanden ist. Meine Kraft hat nämlich abgenommen, da bin ich schwach und gelegentlich auch klein geworden. Trotzdem fühle ich mich nicht mehr grau und unscheinbar. Wie mir muss es einer Raupe ergangen sein, die zum Schmetterling wurde, schön bunt, sich hoch in die Lüfte erhebend. Wahnsinn! Manchmal habe ich einen Traum. Darin ist es Frühling und nach langem kalten Winter freue ich mich über die schönen Frühlingsblumen und die wärmenden Sonnenstrahlen. Dann kommen die Eisheiligen und machen alles kaputt. Nur mit Mühe kann ich verhindern, dass alles erfriert. Das macht mir Angst. Nun vielleicht waren sie ja auch schon da. Sie kommen schließlich nicht immer. Das ist meine Hoffnung. Und dass es ein Traum bleibt. Heute muss ich erzählen, wie das bei mir so war. Ich hatte bisher zwei Leben. Klingt vielleicht komisch, ist aber so. Mein zweites Leben begann vor über neun Jahren.

Gedanken über mein erstes Leben

Mein erstes Leben spielte zwischen Himmel und Hölle. Dabei wähle ich nicht umsonst diese Formulierung. Wenn ich heute so darüber nachdenke, dann kommt es mir wirklich wie ein Film vor. Wie ein Schnulzenfilm. Aber es war kein Spiel. Es war die Wirklichkeit und nicht nur meine. Doch ich habe mich seit neun Jahren sehr verändert. Aber auch nur dadurch ist es mir heute möglich, mit einiger Distanz zu schreiben. Immer wieder in den vergangenen Jahren habe ich es versucht – und es war eine einzige Katastrophe! Ich habe die Zettel noch einmal durchgesehen; es waren viele Tränenspuren darauf. Zu tief waren die Verletzungen, zu sehr war ich noch immer mittendrin. Trotzdem hat das mir auf meinem Weg geholfen. Dabei gehe ich seit neun Jahren nicht mehr in meine alte Kirche. Eine lange Zeit. Anfangs nur aus einer Situation heraus, in der ich einfach zu mir finden wollte. Ich war innerlich tot, so tot wie es toter nicht geht. Ich wollte kein Schauspiel, ich wollte ehrlich bleiben. Meine tiefe Traurigkeit, die man später sicherlich nachvollziehen kann, war übermächtig in mir. Wie sollte ich da fröhlich und glücklich sein können? Das Wort vom Altar erreichte mich nicht mehr. Es war einfach so. Hätte ich mich anders verhalten, wäre es eine einzige Lüge. Ich will mit meinen Ausführungen nicht abrechnen und auch niemanden anklagen. Ich will es mir einfach von der Seele schreiben. Ich habe das Gefühl, ich muss es tun. Dabei geht es mir nicht darum, jemanden schlecht zu machen. Es sind ohnehin nur meine subjektiven Empfindungen.

Ich habe im Laufe meiner ersten 40 Jahre auch wunderbare Menschen kennen gelernt. Ehrliche, aufrichtige Menschen, die ich von Herzen mochte und schätzte. Wie in jeder Institution gibt es Wertvolle und weniger Wertvolle in der Neuapostolischen Kirche, Menschen sind nun mal sehr unterschiedlich. Das ist auch gut so. Zu beurteilen wer letzten Endes gut oder weniger gut ist, obliegt uns ja wohl sowieso nicht. Oft konnten die Menschen, über die ich schreibe, gar nicht anders handeln, als sie es taten. Sie selbst kannten es nur so und es war die Lehre, der sie anhingen, die sie geprägt hatte. Ich bin sicher, auch meine Eltern taten das, was sie machten, aus tiefster innerer Überzeugung. Als treuer neuapostolischer Christ hat man keine andere Wahl. Ich weiß das bestimmt, denn ich war genauso. Meine Kinder mögen es mir verzeihen! Damals habe ich noch nicht geahnt, dass ich mich von der Neuapostolischen Kirche trennen würde. Das hätte ich auch nicht ertragen. Es war mein Leben, meine Grundfestung. Das ist auch nichts, was man im Schnelllauf entscheidet. Das ist ein unheimlich langer, schmerzlicher Weg. Es ist ein Schwimmen gegen den Strom und kaum zu schaffen, so dass man Jahre, wenn nicht ein Leben lang damit zu tun hat. Oft geht man dabei einen Schritt vor und zwei zurück. Solch ein Weg erfordert unheimlich viel Kraft und Energie. Geplagt von Selbstzweifeln droht man dabei oft zu verzagen und kommt immer wieder an den Rand dessen, was man tragen kann. Ganz allein ist man lange Zeit auf diesem Weg und das hindert manchen, ihn zu gehen. Selbst dann noch, wenn tief drinnen alles danach schreit.

Meine Kindheit

Wie jeder, wurde auch ich geboren. Das normalste der Welt. Das ist lange her. 48 Jahre nun schon. Ich war wirklich süß, glaube ich; nein, das weiß ich, denn dafür habe ich auch Beweise. Ein Familienporträt und einige, nun schon etwas ältere Zeitgenossen. Viele Sommersprossen und lange rote, strähnige Haare machten mich schon damals zu etwas Besonderem. Das verwächst sich, tröstete die Hebamme meine Mutter. Aber die fand mich schön, so wie ich war, sagt sie. Glaub ich auch.

ROTFUCHS UND KEINE FLINTE

Rotfuchs und keine Flinte scherzte auch mein Vater. Und ich war schließlich nicht irgendwer. Nein, ich war etwas ganz Besonderes, schon damals. Hineingeboren in eine echte neuapostolische Familie kam ich direkt aus dem Himmel geradewegs nach Gnoien. So hieß meine erste Station. Nun, damals wusste ich noch nicht, dass ich dort ein halbes Jahrhundert verbringen würde, zumindest fast. Es ist überhaupt besser, wenn man vorher nicht weiß, was einem alles begegnet, denn nicht immer ist es nur gut und macht Spaß. Nein, manchmal war es überhaupt nicht mehr lustig. Aber das sollte noch ein paar Jährchen dauern. Die ersten 20 Jahre waren ganz o.k. Was später kam … Na ja! Aber ich habe ein fröhliches Naturell und so ging ich es am Anfang auch an. Ich kam also an. Den Herbst hatte man für mich ausgesucht. Ich mag den Sommer lieber, mit Sonne und Wärme, aber mich hatte man nicht gefragt. Es fing also schon so an. Na prima. Ich musste, ob ich wollte, oder nicht. Macht aber auch nichts. Schließlich bin ich tolerant. Als ich am 28. Oktober 1954 das Licht dieser Welt erblickte, war es kalt und stürmisch. Gut dass mich meine Mutter einwickelte in warme wollene Tücher. Auf dem Herd köchelte dampfende Erbsensuppe und mir hatte sie Fencheltee gegeben. Obwohl, das weiß ich nicht mehr so ganz genau. So etwa könnte es gewesen sein. Nur immer, wenn ich heute noch Fencheltee rieche, habe ich dieses wahnsinnig schöne Gefühl von Geborgenheit im Bauch. Im Ofen knisterte das mühsam geschlagene Holz und so merkte ich nicht schon damals, wie kalt diese neue Welt, in die ich doch gerade erst gekommen, wirklich war. Es war richtig gemütlich. Wohlbehütet waren meine ersten Tage. Es waren gute Leute, die ich mir ausgesucht hatte für hier unten. Falls ich doch ein Mitspracherecht gehabt haben sollte. Ich würde sie mir auch ausgesucht haben, bei freier Auswahl. Sie gaben mir Essen und Trinken und sorgten so für mich, wie es besser nicht geht. Ich bin sicher, sie liebten mich und meinen damals schon zweijährigen Bruder Gerd-Holger. Wenn ich daran denke, dass ich an einem Sonntag und noch dazu gegen 11.00 Uhr geboren wurde, stimmt mich das sehr, sehr nachdenklich. Warum? Um diese Zeit sind meine Eltern immer in der Kirche. Ich habe in meinem ganzen Leben nie wieder erlebt, dass etwas Normales sie davon abhalten konnte. Nur Tod und 41 Grad Fieber aufwärts. Ich habe es gleich am Anfang geschafft, dass meine Mutter sich für mich entschieden hat und dafür auf den Gottesdienst verzichtete. Nie wieder sollte das klappen, in meinem ganzen späteren Leben. Aber ich war wohl auch nicht so ganz normal. Von dem kalten Herbst merkte ich nichts, obwohl er kalendermäßig da und ich viel in der frischen Luft war. In schöne weiße frisch gewaschene Kissen gepackt war das so in Ordnung und ich genoss mein Dasein. Sorgfältig behütet überstand ich so die ersten Wetterhürden mit viel Liebe, ohne *Wick Vaporup*. So was gab's damals noch nicht. Und während sich im Himmel die Engel über meine Ankunft freuten, wurde es in unserem kleinen Dörfchen bei Gnoien ganz gewöhnlich Winter. Aber auch der Winter konnte uns nichts anhaben. Im Gegenteil. Jeden Tag stellte mich meine Mutti im Kinderwagen nach draußen. Ich sollte nicht so ein Weich-Ei werden, dass dauernd krank wird, denke ich. „Abhärten", sagt der Kinderarzt dazu und es hat mir nicht geschadet. Im Gegenteil! Meine witterungsbedingten Kinderkrankheiten hielten sich in Grenzen. Und während die Wochen und Monate ins Land gingen, war ich nicht untätig. Ich wuchs und gedieh und war doch tatsächlich schon ein fleißiger Kirchengänger, oder na ja, laufen konnte selbst ich da wohl noch nicht. Aber meine Eltern brachten mich dorthin, immer und immer wieder. Überhaupt, schon wenige Tage nachdem ich ankam war ein ereignisreicher, schwerwiegender Tag. Der Wichtigste, heißt es, im Leben.

DER WICHTIGSTE TAG IM LEBEN

Ich wurde nicht nur getauft, wie es in gewöhnlichen Kirchen üblich ist, nein ich kam unter die Hände eines wahrhaft lebenden Apostels. Ich wusste es von Anfang an, ich war etwas Besonderes. Nicht dass dieser Apostel uns nur besucht hat, weil er uns mochte, oder mit uns erzählt hätte. Nein! Viel mehr ist da passiert. Ich erlebte das nur wenigen Menschen vergönnte, einzigartige Geschenk der Spendung des heiligen Geistes. Man sagt auch, dass ich dadurch eingeschrieben wurde in das Buch des Lebens. Versiegelt durch Handauflegung eines lebenden Apostels im festlichen Gottesdienst, während die Gemeinde sich erhob. Klar und eindeutig war das Ja meiner Eltern in diesem feierlichen Rahmen. Ein Ja vor Gott und der erhobenen Gemeinde. Nur ich durfte liegen. Ging ja auch damals noch nicht anders. Nun war es klargemacht. Ich war ein Gotteskind und das war gut so. Gott hatte mich erwählt zusammen mit den treuen Brüdern und Schwestern, die ich, zwar noch klein, so doch wie meine Nuckelflasche kannte. Ausgerechnet mich. Fand ich prima. Und so wuchs und wuchs ich. Meine roten Haare und die Sommersprossen verwuchsen sich nicht.

ALLES WAR NUR GUT

Mein kleines Leben verlief in völliger Harmonie. An erster Stelle stand natürlich das Werk Gottes, und schon gleich danach kamen wir Kinder, während meine Eltern auf vieles verzichteten. Sie hatten nicht viel. Ist doch klar. Der Krieg war erst neun Jahre vorbei, als ich geboren wurde.

Eigentlich eine Zeit der Entbehrung und Not. Ich denke oft noch mit Achtung und Respekt an die Höchstleistungen unserer Eltern in dieser schweren Zeit. Es trotzdem schaffen, Kindern ein sorgenfreies Zuhause zu geben, war bestimmt nicht leicht. Mein Vater ging arbeiten, während meine Mutter uns versorgte. Und nicht nur das. Sie umsorgte und behütete uns so, als stünden wir Kinder für sie an erster Stelle. Das ist mehr, als ich es in tausend Seiten schreiben könnte. Deshalb erinnere ich mich sicher auch nicht an viele einzelne Episoden aus dieser Zeit. Es war wirklich einfach nur gut. Ich müsste es mir aus den Fingern saugen, wollte ich etwas anderes behaupten. Wie viel Elend und Entbehrung erlebten manche anderen Kinder schon in meinem damaligen Alter! Unabhängig von meinem späteren und auch meinem zweiten Leben bin ich dankbar und froh für eine wunderschöne Kindheit.

Der Herr kommt bald

Eines war all die Jahre immer und überall gegenwärtig. Übergroß und permanent war da etwas Unsichtbares anwesend. Es flößte mir schon früh ein unbeschreibliches Gefühl ein. Ein fest zur Familie gehörendes Ritual gab es bei uns. Morgens und am Abend beugten unsere Eltern ihre Knie und beteten. Das machten sie nicht nur symbolisch, nein. Sie knieten sich nieder, egal, wie hart der Boden war. In unserer Wohnung war es ein Bretterfußboden. Dicke, warme und weiche Teppiche gab es damals nicht, zumindest nicht in unserer Familie. Höchstens reiche Leute hatten so etwas. Wir waren nur reich in Gott. Aber nicht der gewöhnliche Gott war das, sondern unser Gott war ein Elite-Gott, ein neuapostolischer. Meine Mutter war ein Jahr, als sie von ihren Eltern vor ihn getragen wurde, und den heiligen Geist empfing. Ihr Vater, also mein Großvater, war, wie später auch mein Vater, viele Jahre Vorsteher der Gemeinde. Ich hatte also eine phantastische Segenslinie vorzuweisen. Hat schließlich nicht jeder. Mein Vater war früher nur evangelisch. Mensch, hatte der Glück, dass ihn später die Familie meiner Mutter von den Hecken und Zäunen aufgesammelt hat. Er war viel mit seiner Geige auf den Tanzböden dieser Welt unterwegs. Er sagt, er habe sich da auch noch wohl gefühlt. Ich glaube, er war da richtig zu Hause und so was, was man eine Stimmungskanone nennt. So ging das, bis er eingeladen wurde von Werkzeugen Gottes, eben dieses neuapostolischen Gottes, in seine Gottesdienste. Von da an, sagt er, wurde er ein neuer Mensch. Na ja, ich muss das mal so glauben, ich war damals ja noch nicht anwesend. Aber warum sollten sie mich anlügen. Das kann ich ihnen nicht nachsagen. Angelogen haben sie uns, so weit ich weiß, nie. Es war alles perfekt.

LIEBE UND HARMONIE

Ich war wirklich ein liebes Kind. Sagen andere und das weiß ich nun ganz genau, schließlich war ich immer dabei. Dazu stimmten die äußeren Umstände. Außen, innen überall nur Harmonie. Alles super, wie man heute sagt. Am besten hätte ich HARMONICA geheißen. Aber ich bekam von meinen Eltern einen anderen, nämlich den Namen WINNIFRIED und stoße damit oft auf Unverständnis. Viele denken, ich sei ein Junge oder eben heute ein Mann und dabei bin ich doch weiblich, Mensch! Aber ich komme damit klar und erklärte schon als Kind häufig diesen Umstand. Beharrlich und entschlossen kämpfte ich, manchmal auch nicht mehr lieb um mein Mädchenrecht. Dass ich eines war, war eigentlich auch nicht zu übersehen. Sogar ein typisches Mädchen, mit Zöpfen um das blasse Gesicht und meistens auch in hübsche Kleidchen gesteckt, hatten meine Eltern da hinbekommen. Ab wann ich beim morgend- und abendlichen Gebet das erste mal meine dicken Beinchen zum Gebet mit beugen durfte, weiß ich nicht mehr genau. Aber ziemlich klein war ich noch. Danken am Morgen, am Mittag, am

Abend gehörte zu unserem Alltag, wie das Essen. Bitten auch, aber da ging es in erster Linie um das Geistige. Und dabei darf man nicht denken, dass ich dabei unglücklich war. Im Gegenteil! Wir hatten eine sehr glückliche Kindheit. Aufgewachsen im Schoß der Familie, umgeben von lieben Brüdern und Geschwistern der Gemeinde. Alles war gut, zu gut? Aber darüber macht man sich als Kind keine Gedanken, und schon gar nicht als Gotteskind. Gespräche über das Werk Gottes gab es täglich und dabei hätten sich unsere Eltern eher die Zunge abgebissen, als jemals etwas Negatives zu äußern über Gottes Werk bzw. die Amtsträger und Glaubensgeschwister. So hatte man es sie schließlich genauso, wie mich später gelehrt. Deshalb mache ich ihnen auch absolut keinen Vorwurf. Ich habe es Jahre später sehr lange genauso gehalten.

Neugierig wie eine Elster

Ich war auch ein witziges Kind, das gern Spaß machte. Ich hatte schon früh eine Art von trockenem Humor, den nicht jeder verstand. Das Problem habe ich heute noch gelegentlich. Ich war wahnsinnig neugierig. Nichts konnte mir entgehen. So wusste ich auch schon immer, was ich zum Geburtstag kriegen würde. Kein Versteck war vor mir sicher, solch eine Spürnase war ich. Dabei entwickelte ich auch ungeahnte sportliche Fähigkeiten. Obwohl ich sonst nicht gerade der Liebling meiner Sportlehrer war. Im Sport drückte ich mich gerne und manchmal auch erfolgreich. Ich war dann so steif, dass ich nicht einmal beim Bockspringen über den Bock oder das Pferd kam. Aber meine Neugier verlieh mir Flügel. Ich hatte entdeckt, dass ich vom Rückteil des Bettes meiner Eltern bequem auf den Schrank gucken konnte. Ruck, zuck wie ein Wiesel war ich da oben. So mancher hätte gestaunt. Aber das machte ich natürlich heimlich. Das war ein beliebtes Versteck für besondere Anlässe. Weihnachten, Geburtstage ... Selbst wenn es manchmal notgedrungen neue Verstecke gab, meine Mutter merkte es gelegentlich, wenn ich zu sehr geschnüffelt hatte, war ich dem neuen geheimen Ort schnell auf der Spur. Komisch! Dabei hatte ich scheinbar kein Gewissen. Manchmal war ich außerdem auch ein bisschen blöd. Aber nur manchmal.

Plaudertasche

Ich war nicht nur fürchterlich neugierig, sondern konnte auch nichts für mich behalten. Es machte mir schon damals große Freude zu schenken. Doch statt abzuwarten bis es so weit war, hielt ich es selten solange aus. Zu einem Geburtstag meines Vaters hatten wir Hosenträger und Ärmelhalter für ihn und ich war so schlau, ihn zu warnen: Du Vati, bitte sieh nicht auf dem Schrank nach, denn da liegen für dich die schönen Hosenträger und die braunen Ärmelhalter. Er tat dann auch noch so, als würde er das nicht hören, so dass ich es noch einmal wiederholen musste. Zufrieden war ich erst, als er es eindeutig verstanden hatte. Am liebsten hätte ich das Geschenk dann auch noch geholt. Doch dann hätte ich sicher Ärger mit dem Rest der Familie gekriegt. Das wollte ich nun auch nicht.

Einmal rastete selbst mein Vater aus

Einmal in meiner Kindheit habe ich meinen Vater an den Rand der Verzweiflung gebracht. Aber ich hatte keine Schuld. Schuld war meine unüberwindliche Neugierde. Auf dem besagten Schrank lagen nicht nur die Geschenke, sondern alles, was geheim oder auch besonders behütet bleiben sollte. Es war in einer Zeit, in der mein Vati seine Meisterarbeit geschrieben hatte. Dazu gehörte auch eine Rolle mit Zeichnungen, die er in mühevoller Arbeit endlich fertig hatte. Es war an einem späten Nachmittag, meine Eltern waren nicht daheim und mich überkam wieder einmal dieser Wissensdurst, wie ich es mal netter ausdrücken will. In der schon beschriebenen Weise hing ich also da oben und hatte gerade die Zeichnungen am Wickel als … als es klingelte. Einmal, zweimal, dreimal.

Die verdammten Blätter gingen nicht in die blöde Rolle hinein und so machte ich das mit Gewalt. Stunden später waren die Folgen davon für mich schlimm und für meinen Vater bestimmt ungleich schlimmer. Leichenblass kam er mit der zerknautschten Rolle ins Wohnzimmer. Am nächsten Tag musste er die Zeichnungen der Prüfungskommission vorlegen.

Dabeisein um jeden Preis

Die große Sorge war die um unsere unsterblichen Seelen. Wir wollten dabei sein, wenn Gott sein Werk vollendet und seinen Sohn schickt, uns heim zu holen. Lange konnte das ja nicht mehr dauern, war Gesprächsbrocken der Großen zu entnehmen. Schließlich hatte der damals schon sehr alte Stammapostel Bischoff Jahre vor meiner Geburt lautstark verkündet, der Herr käme zu seiner Lebzeit. Der Stammapostel ist das Oberhaupt der Neuapostolischen Kirche (NAK), der erste Vertreter Gottes auf dieser Erde, nach ihrer Lehre. Darauf zu warten und für diesen Augenblick der Wiederkunft bereit zu sein, stellte alles andere in den Hintergrund. Als neuapostolische Christen waren meine Eltern so orientiert, dass alles unabdingbar und richtig war, was seine Knechte verkündeten. Zweifel ist schlecht, kommt von unten und führt dahin. Wir aber wollten nach oben, hieß es. Anders wäre es nicht denkbar. In gläubiger Erwartung waren auch meine Eltern sicher, dass es so kommen würde. In dieser Überzeugung lebten, glaubten und beteten sie. Ich weiß bis heute nicht, wie sie es geschafft haben, ihre Kinder bis zu dem Zeitpunkt ohne Angst aufwachsen zu lassen. Sie haben uns wirklich behütet, im wahrsten Sinne des Wortes. Welch eine Kraft steckte in ihnen!

Gottesdienste

Immer wiederkehrende Höhepunkte im Leben neuapostolischer Christen sind die wöchentlichen Gottesdienste, haben es zu sein. Alles was man zum Leben braucht,

– heißt es – bekommt man da. Man braucht nur hingehen, machen was gesagt wird und den Mund halten. Natürlich sagt man es anders. Gläubig vertrauend aufschauen, Nachfolge ohne wenn und aber ... denken und sogar nachdenken ist nicht nur nicht nötig, es ist auch unerwünscht. Klein und demütig sein ist in Ordnung, so lernte ich es schon in der Sonntagsschule. In die durfte ich, als ich sechs wurde und auch in die irdische Schule kam. Kindlich gläubig handeln, so, wie es erwartet wird ... Schön einfach, früh eingeprägt, hielt ich mich selbstverständlich daran. Ich war schließlich gehorsam. Und wie! Und ich war ein gelehriger Schüler im Kindergottesdienst, der es dem Lehrer, dem Unterdiakon L. nicht schwer machte.

SEINE WÜNSCHE, MEINE WÜNSCHE, GOTTES WILLE

Ich las ihm seine Wünsche von den Augen ab. Ihm und allen anderen Segensträgern natürlich. Anders kam es nicht in Frage. Ich hatte auch keine andere Wahl und hätte mit Sicherheit nicht mit der Schuld leben können, anders als von mir erwartet zu sein. Viele Jahre mochte ich den Unterdiakon L. auch. Es war ja auch ein Zeitpunkt, zu dem ich alles nur so sah und nahm, wie ich es erlebte. Damals kannte ich noch nichts von Hinterhältigkeit und Falschheit. Für mich war alles wie erlebt und gesehen. Wenn er, eben dieser Unterdiakon am Altar stand und immer wieder die drei mir schon im Schlaf bekannten Sätze von Gehorsam und Nachfolge bis zuletzt sagte, rann ihm vor Aufregung jedes Mals der Schweiß an den Wangen runter, den er mit seinem glatt gebügelten blütenweißen Taschentuch abwischte. Er gehörte zu denen, die nicht gerne und lange vor anderen reden. Trotzdem stellte er sich in den Dienst des Herrn als er gerufen wurde und das immer wieder neu, wenn er zum Mitdienen dran kam. Ich atmete immer mit auf, wenn er fertig war. Tief im Inneren, im Verborgenen natürlich nur, tat er mir jedes Mal aufs Neue Leid. Eine gute Figur machte er, wenn er allein mit uns Kindern war. Als Unterdiakon war er nicht nur für die Begrüßung und äußere Ordnung zuständig, sondern auch für uns Kinder. Spielerisch brachte er uns bei, was wichtig war zu wissen. Die Geschichten aus der Biblischen Geschichte, die uns als Kinder als Lehrmaterial dienten, waren spannend und er konnte sie gut rüberbringen. Aber es zählte nicht, was man kann oder nicht, sondern nur, was der Herr will. Der Herr, in Gestalt seiner Knechte. Da gibt es Unterdiakone, Diakone, Priester, Hirten, Evangelisten, Älteste, Bischöfe, Apostel und den über alles geliebten Stammapostel. Da gibt es eine eindeutige Regelung, die göttliche Ordnung. Das wusste ich, konnte es aber damals noch nicht so gut hinterfragen. Alles eigene Fühlen und Denken spielte keine Rolle, wenn man solche irdischen Unwichtigkeiten verspüren sollte.

WANN WER WEN ZU LIEBEN HAT

Ich erfuhr aber auch, wer wem zu gehorchen und wie, wer, wann, wen lieben musste. Das war ganz einfach:

1. Lektion: Alle in der Kirche sind gut und gefälligst zu mögen. Etwas anders wurde das zwar umschrieben, kommt aber auf dasselbe heraus.

2. Lektion: Wenn das mal nicht so ist, ist es doch so. Ich muss dann an mir arbeiten, damit ich es auch wieder so sehe. Überhaupt muss ich, sobald sich ein eigener Gedanke einschleicht, meine Vision überarbeiten und zwar solange, bis ich wieder da ankomme, wie es die Kirche lehrt. Prima. Eigentlich hätte ich mir schon damals das Denken abgewöhnen können.

STAMMAPOSTEL BISCHOFF

Das beste Beispiel war das Verhalten der Kirche nachdem der Stammapostel BISCHOFF wider Erwarten doch verstorben war, ohne dass Christus wiedergekommen wäre. Das passierte kurz vor meiner Einschulung. Geirrt hat sich der Stammapostel natürlich nicht, nein! Gott selber hatte seinen Plan geändert und alles nur aus Liebe zu uns. Er hat die Gnadenzeit verlängert. Welche Liebe! Etliche haben derzeit der NAK den Rücken gekehrt, aber die richtig Treuen haben sich im Glauben bewährt und sind bei der Stange, d. h. dem Herrn geblieben. Meine Eltern, Großeltern und viele Verwandte mütterlicherseits gehörten dazu. Nie hätte einer von uns daran gezweifelt, das darf ich nicht im Stillen und schon gar nicht offen denken. Noch fester, noch inbrünstiger lebten und glaubten wir. Und ich war klein, aber mittendrin, mit ganzer Seele, mit ganzem Herzen. Ich wurde nicht müde, davon jedem zu erzählen, ob er es hören wollte oder nicht.

MEIN HERZENSBEDÜRFNIS

Ich war ein Musterbeispiel eines lieben Gotteskindes, immer noch. Schon als kleines Kind war es mir ein Herzensbedürfnis nur das zu machen, was von mir erwartet wurde. Nur so war ich mir der Liebe Gottes (heute weiß ich es besser: Nämlich der Menschen) sicher. Ich hatte erfahren, wenn ich das mache, was den Segensträgern eine Freude bereitet, stehe ich im Segen und es geht mir gut. So hielt ich es. Erst viel später verstand ich die Hintergründe. Ich machte, mochte und liebte, alle hatten ihre Freude und ich war auch zufrieden. Was wollte ich mehr. Je mehr ich mich anpasste, desto mehr mochte man mich. Und dass man mich mochte, das brauchte ich wie die Luft zum Atmen. Ich war davon abhängig. Aber um mich ging es ja gar nicht. Einzig und allein das war wichtig, dass ich funktionierte. Zur Freude der Amtsträger und meiner Eltern tat ich das mit stolz geschwellter Brust. Ich wusste schon viel, noch bevor ich in die Schule kam. Nicht nur die Ämter, sondern auch die sich dahinter verbergenden Personen, also die dazu gehörenden

Namen. Das alles konnte ich aus dem Effeff. Dabei ging es zum Beispiel nicht um den Priester X, sondern immer um den *lieben* Priester X. Ich war ein eifriger Sonntagsschüler. Die zehn Gebote und das Glaubensbekenntnis kannte ich schon vor dem Einmaleins. Im Kindergottesdienst mit dem Bezirksältesten hatte dieser uns geraten, die Biblische Geschichte immer unter dem Kopfkissen zu haben, nachdem wir abends vor dem Schlafengehen darin gelesen haben. Das sei Gott wohlgefällig und wichtig. In der Schule war ich sowieso nur mittelmäßig, während ich auf der anderen Seite zur Elite gehörte. Da hatte ich das Gefühl, was zu sein und genoss das auch.

ICH WAR WER; ODER: WO JESUS UNS NICHT ABHOLT

Ich war ja zu Höherem bestimmt, aus Gnaden war ich erwählt und zum Volke Gottes gezählt. Was machte es aus, in der Schule Außenseiter zu sein, redete man und ich mir oft selbst ein, wenn es mich quälte. Da ich nichts mitmachte, was an Gruppenaktivitäten lief, war es klar, dass ich in diese Außenseiterposition kam. Es tat mir weh, obwohl ich wusste, da nicht hinzugehören. Kino, Fasching ..., alles war für mich tabu. Wir als Gotteskinder gehören da nicht hin. Es seien Tische, wo die Spötter sitzen und wer von uns würde sich da wohl wohlfühlen? In markanten, sich ständig wiederholenden Sätzen hatte man uns eingeimpft, was gut und was schlecht für uns war. Ich war einmal in meinem damals noch jungen Leben im Kino und hatte die ganze Zeit fürchterliche Angst, das Kommen des Herrn verpasst zu haben. Das hätte bedeutet, ein Leben in ewiger, grausamer Finsternis. Nicht auszudenken, dieses Finale zu verpassen. Alles andere, die ganze Mühe, alles von vorher wäre umsonst. Und da gäbe es dann kein Wiedergutmachen, für immer und ewig zu spät. Chance verpasst ohne eine zweite. Von diesen Plätzen holt Gott uns also nicht. Ich ging da nie wieder hin. Diese Angst wollte ich nicht noch einmal erleben.

Gott wohlgefällige Geschenke

In einem Gottesdienst erzählte der Bezirksälteste eindrucksvoll ein anderes Ereignis. Da schenkten Eltern ihrem Kind einen Ball. Wie töricht! Später spielte dieser arme Junge Sonntags in einer Sportgruppe Ball, statt im Gottesdienst zu sein. Vorwurfsvolles Fazit: Man sollte vorher überlegen was man dem Kind schenkt. Sonst brauche man sich nicht wundern, wenn die Kinder falsche, den Eltern nicht gefällige Wege, beschreiten. Am besten man fragt den Segensträger, dann kann nichts schief gehen. Ich konnte damals schon nicht richtig verstehen, was an einem Ball wohl schlimm sein kann. Heute lache ich darüber, damals war es das Normalste der Welt, den darin verborgenen Rat anzunehmen. Unterwürfigkeit, angepasst sein bis zur Selbstaufgabe war die Regel. So stand man im Gehorsam und konnte hoffen. Je mehr, umso besser. Ich hatte damals also fürchterliche Angst bei meinem Kinobesuch. So groß war diese Angst, dass ich bis zu meinem 40. Lebensjahr nie wieder in einem Kino war. Auch Diskotheken und andere Tanzböden gehörten zu den Orten, die es zu meiden galt. Auf die Idee, Tanzen sei ein Ausdruck von Lebensfreude, kam ich damals natürlich lange nicht. Obwohl ich es im Stillen oft vermisst habe, nicht tanzen zu können. Manchmal habe ich die, die sich gut auf der Tanzfläche bewegen konnten, sogar beneidet. Doch nur manchmal. Mit zweiundvierzig habe ich es dann auch gelernt.

Liebe statt Angst

Angst zu haben war auch falsch. Gelernt hatte ich das zu tun, was gut ist, was die Liebe gebietet. Aus Angst gewisse Dinge nicht zu tun, ließ ich die Angst lange nicht zu, sondern verdrängte sie. Mein Bemühen, nur das was gewünscht wurde zu tun, war beispielhaft. Die Engel im Himmel (die neuapostolischen meine ich) hatten mit Sicherheit ihre Freude an mir. Wie war das noch? Was würde mein Vorsteher in dieser Situation machen? Und schon wüsste man immer, was zu tun und zu lassen sei. Das war eigentlich einfach. Nur machen oder nicht. Ob es einen fürs Leben vorbereitet fragte ich nicht. Wozu auch? Ich lebte im Heute und Jetzt. Meine Einstellung und Linientreue von damals beschreibt das folgende Gedicht, das ich zu einem angesagten Gästeliedersingen geschrieben habe. Ich schrieb und sagte es nicht nur. Ich meinte es so.

SEHNSUCHT NACH OBEN

Hörst du die Glocken der Heimat, oh Seele?
Schweig still! Ganz nahe klingen sie schon.
Stehst du im Mühen, dass dir dann nicht fehle,
heiliges Oel zum Ererben der Kron?
Wenn Gott den Sohn schickt uns heimzuholen,
möchtest du bleiben auf dieser Erd?
Möchtest du bleiben, bei all den Thoren,
die jetzt noch hier leben so unbeschwert?
Auf dieser Erde, wo lieblose Menschen
hasten und streben nach Ehre und Geld?
Wo Kälte und Hass die Menschheit erfüllt
und kein Vater mehr liebreich in Gnade dich hüllt?
Nein, liebe Seele, das möchtest du nicht!
Du möchtest sein im ewigen Licht,
bei Gott im Himmel auf lichten Höhen,
wo wir Ihm dann endlich ins Angesicht sehen.
Und all den Getreuen, die schon dort sind.
Welch selig Glück, dass auch du bist sein Kind!
Drum lasst uns freudig ziehen, –
gemeinsam Hand in Hand.
Von dieser Erde fliehen,
in das gelobte Land,
in immergold'ne Gassen, wo ewig Friede ist.
Wo du für alle Zeiten, beim Herrn geborgen bist.

Doch ehe ich mich versah, wurde ich älter. Immer noch dachte ich über alles, was einen Hauch von neuapostolisch hatte, gut. Automatisch kamen sie alle auf ein hohes Podest. Ich schmückte nicht nur häufig den Altar in unserer Kirche, sondern auch vor alle zu uns gehörenden Menschen stellte ich mich, wenn es notwendig wurde. Die Male, die ich mit Stolz Blumen in die Kirche mitnahm kann ich heute nicht mehr zählen. Ich tat es gern und aus tiefster Überzeugung. Auch ein Sträußchen für die Sakristei, den Raum, in dem die Amtsträger sich vor dem Gottesdienst aufhielten, war immer dabei. Liebevoll und unermüdlich war ich auch darin tätig.

Nur gut oder böse, nur schwarz oder weiss

Dadurch, dass niemals schlecht von einem dieser Genannten gesprochen wurde, gab es für mich nur gut und böse. Es war schwarz oder weiß. Es war, als verliefe meine Kindheit in einem Glashaus. Alles war voller Wärme und Liebe, Geborgenheit und Licht, ohne Regen und Sturm. Keiner hat mir gesagt, wie es im Leben wirklich zugeht. Nirgends ist alles nur gut. Überall gibt es solche und Solche. Aber bis ich das erkannte, sollte noch viel, viel Zeit ins Land gehen. Heute weiß ich, wie weltfremd das alles war. Damals lange nicht. Ich fühlte mich wohl. Es war Gottes Werk. Schöner, dachte ich, geht's nicht. Trotzdem war es noch steigerungsfähig. Mit missionarischem Eifer hätte ich gerne allen erzählt, welches Glück mir wiederfahren war und tat das auch. Ein sehnlicher Wunsch waren auch Kontakte zu Gleichgesinnten in den Ferien. Inbrünstig betete ich darum, zum Beispiel im Urlaub mit meinen Eltern oder bei Aufenthalten in Kinderferienlagern, in denen ich einige Male war. Wenn ich jemand traf, der neuapostolisch war, war das für mich der Inbegriff alles Guten. Über andere machte ich mir nicht viel Gedanken. Zwar hatte ich gelernt, andere seien auch nicht schlecht. Aber sie hatten eben nicht dieses einmalige, große Geschenk des Heiligen Geistes. Der Hinweis, dass wir möglichst Umgang mit Unseresgleichen pflegen sollten, genügte, das zu tun. Man konnte es nicht vergessen. Es wurde ständig wiederholt.

Zwei Sorten Verwandter

Obwohl eines fand ich schon schade, auch als Kind schon, sogar ziemlich schade. Wir hatten zwei Sorten von Verwandten. Dass die meisten mütterlicherseits dazu gehörten, sagte ich schon. Aber die Verwandtschaft väterlicherseits ging einen anderen Weg. Sie waren, wenn denn gläubig, höchstens evangelisch. Schade! Ich war zwar einerseits stolz auf meinen Weg, andererseits stand es immer zwischen uns. Aber noch war ja Gnadenzeit, noch konnten unsere Gebete helfen, ihnen, die mir ja auch nicht unwichtig waren, den richtigen Weg zu zeigen. Manchmal habe ich sogar geweint, wenn ich an diese armen Seelen, die ich doch auch mochte, dachte. Besonders am Herzen lag mir meine Park-Oma. Sie las oft und viel in ihrer Bibel und ich wusste doch ganz genau, wie umsonst das war. Aber zu sagen habe ich es mich auch nicht getraut. Im Gottesdienst hieß es dazu, dass solange noch Gnadenzeit auf Erden ist, auch solchen armen Menschen geholfen werden könne. Ich vertraute darauf, dass jemand anders ihnen das schon sagen würde und dass Jesus hoffentlich solange nicht komme. Das machte mir also auch Sorgen, ziemlich große sogar. Ich hatte zwar gehört, dass, wenn Jesus uns als seine Brautgemeinde heimgeholt hat, es so schön sei, dass man mit keinem Gedanken mehr der Zurückgebliebenen gedenken würde. Doch das schien mir schon damals ziemlich brutal. Wie sollte das gehen? Was hat das mit Liebe zu tun? Gott ist Liebe und ist groß, so sang es der Chor im gleichen Atemzug. Was ist denn nun richtig? Und wieder einmal hieß es, diese schrecklichen Gedanken verdrängen. Bestimmt, dachte ich, verstehe ich das nur falsch. Kann ja gar nicht anders sein. Ich Dummerchen! Trotzdem betete ich zukünftig umso intensiver auch für manche anderen in der Hoffnung, dass sie es nicht treffe. Gut ist es, dass Gott keinen Fehler macht.

Kein Fernseher

Einen anderen heimlichen Kummer hatte ich noch. Wie alle treuen NAK-Mitglieder hatten meine Eltern lange keinen Fernseher. Das fand ich doof. (Dabei weiß ich heute sehr wohl, dass ein solches Gerät auch in anderen Familien manches Schöne, Gemeinsame verhindert, wenn man nicht in der Lage ist, Herr darüber zu bleiben.) Ziemlich neidisch war ich auf Kinder in der Nachbarschaft, die alle solch ein tolles Gerät hatten. Sogar geträumt habe ich davon, wie schön es wäre, alleine bestimmen zu können, wann an- oder auch ausgeschaltet wird. Manchmal traf ich mich mit Kindern aus der Nachbarschaft. Ich habe nie jemandem erzählt, dass die Flimmerstunden bei Margret oder Marita für mich wunderschön waren. Manchmal waren die Gottesdienste dagegen ganz schön langweilig, so dass ich viel lieber ferngesehen hätte. So viel Spaß machte mir das Stillsitzen in der Kirche nun auch nicht. Ich glaube, das habe ich mir damals selbst nicht eingestanden. Wenn solche Gedanken kamen, machte es mir große Sorgen. Dieses wahnsinnige Glücksgefühl der Schaltgewalt war mir also nicht vergönnt, bis ich erwachsen wurde. Die Mädchen aus der Nachbarschaft merkten damals wohl, wie sehr ich einen Fernseher vermisst hatte und machten sich noch einen Jux daraus, ihr Gerät willkürlich an- und abzu schalten. Dabei wusste ich auch in diesem Fall, wie falsch diese Sehnsüchte waren. Der Apostel hatte es schließlich so entschieden, Gotteskinder brauchen solch einen Götzen nicht und dann war es eben so. Punkt! Lange hatten die Gotteskinder auch kein Radio mit der gleichen Begründung. Aber daran kann ich mich nicht erinnern.

Ich weiß nur noch, am Sonnabend musste auch das möglichst aus bleiben. Da sollten wir uns besser auf den Sonntag vorbereiten in heiliger Stille. Diese zog sich hin, bis in den Sonntag Mittag. Ja, ja! Ich wusste das alles! Wieder einmal bedeutete es Arbeit an mir. Und ich arbeitete und arbeitete. Trotzdem, wenn ich ehrlich sein will, blieb der Wunsch lange, bis ich ihn mir später erfüllte. Er blieb und mein schlechtes Gewissen blieb auch. Hatte ich doch andere Freude, Freuden, die diese Welt nicht kennt. Permanent schöne Erlebnisse. Ich bin ein Gotteskind, das macht mich froh, sang ich voller Inbrunst und Überzeugung, in dieser letzten Zeit, bete ich so. Treiben die anderen darüber Spott, sage ich es im Gebet, dem lieben Gott. HEILIGUNG

Einmal in der Woche ging ich zum Klavierunterricht, als Nachwuchsspieler des Harmoniums unserer Gemeinde. Obwohl meine Klavierlehrerin nicht nur Freude hatte an mir, fand ich das schon gut und bin heute dankbar dafür, dass ich diese Möglichkeit dazu hatte. Schließlich hatten wir wenig Geld und trotzdem haben es meine Eltern erlaubt und sogar gefördert. Dass ich dabei auch manchmal faul war, kann ja unter uns bleiben. Ich lernte jedenfalls doch so viel, dass wir wenig später schon etwas Hausmusik zu Stande brachten. Unser Vater hatte seine Geige neu entdeckt, mein Bruder quälte nicht nur das Klavier, er flötete sogar in Alt und Tenor, wenn ich mich am Klavier versuchte. Das war nicht nur laut, sondern sogar schön. Gerne denke ich daran zurück. Wir hatten schon dadurch auch etwas, was manche anderen nicht kannten. So kam es, dass alles noch schöner, noch vollkommener wurde, in dieser inzwischen auch musikalisch schönen Idylle. Fast wäre ich in meinem schönen grünen Taftkleid, ich hatte es schön auf dem Klavierhocker ausgebreitet, abgehoben, als es sogar dreistimmig erklang: Fort, fort mein Herz KLAVIERUNTERRICHT zum Himmel ... In diesem Weltgetümmel ist für mich keine Ruh. Ein Lied mit vier Kreuzen, also einem hohen Schwierigkeitsgrad und auch inhaltlich *sooo* stark. Überzeugt und selbstbewusst haute ich in die Tasten, während mein Vater zärtlich die Geige bemühte und Gerd-Holger, der schon besser spielte als ich, meinen Gesang lobte. Die nächste Strophe ging umso besser. ... fort, fort zu meiner Ruh. Fort, fort dem Himmel zu!

MEINE MUTTER

In der Küche brutzelte bei offenen Türen ein leckeres Abendbrot, denn meine Mutter war zwar unmusikalisch, liebte aber unsere Musik. Und gelegentlich sang sie auch mit. Das mochte ich aber nicht so sehr, denn, höflich gesagt, klang das dann schon nicht mehr so gut. Sie hatte andere Fähigkeiten. Sie konnte nicht nur gut nähen, sie hatte mein Kleid auch selber genäht, sondern auch damals schon phantastisch kochen. So gelang es ihr immer wieder, aus dem Wenigen das wir hatten, etwas Gutes zu zaubern. Liebevoll war der Tisch gedeckt. Schon früh ermahnte sie uns zu guten Tischsitten. Es war eine richtige Oase voller Harmonie und Hoffnung. Niemals Streit, niemals ein böses Wort.

DER ERSTE STREIT WAR SCHLIMM FÜR MICH, OBWOHL ...

Viele Jahre dauerte es, bis ich den ersten Streit meiner Eltern mit erlebte. Es war nichts Schlimmes. Überhaupt nicht. Ich war gerade zehn geworden und trotzdem schien für mich eine Welt einzubrechen. Heute lache ich darüber, denn inzwischen kenne ich andere weit schlimmere Streitpunkte. Ich wusste einfach nicht, dass Streit etwas völlig Normales, zum Leben dazu gehörendes ist. Es war also lediglich eine Meinungsverschiedenheit. Das zeigt aber, wie komisch ich schon damals war. Und immer habe ich dabei nur an andere gedacht. Ein für ein Kind völlig untypisches Verhalten. Einmal war ich für gut 14 Tage im Krankenhaus mit Schmerzen in der rechten Hand und Bewegungsstörungen. Später hieß es dann eine Nervenentzündung. Wochen vorher hatte sich das bemerkbar gemacht. Ich konnte auf einmal den Stift nicht mehr richtig halten und hatte auch wenig Kraft in der Hand. War nicht schlimm. Allerdings habe ich das manchmal auch etwas dramatisiert, denn es schien mir aufregend im Mittelpunkt zu stehen. Sorgenvoll erzählten meine Eltern am Sonntag dem Evangelisten davon und er betete für mich. Das fand ich auch noch interessant.

Mitleid mit den Eltern

Am Montag kamen wir zu dritt, meine Eltern und ich, also in dieser Klinik an und nachdem die Ambulanzärztin mich untersucht hatte, musste ich dort bleiben. Das hatte ich mir im Stillen gewünscht, konnte ich so doch mit Besuchen und Geschenken rechnen. Schien mir im Vorfeld ganz interessant zu werden. Ich denke, solche Gedanken hat man als Kind einfach. Es gab da nur ein Problem, es gab nämlich nur ein freies Bett auf der Infektionsstation. Das bedeutete: keine eigene Kleidung, keine Besuche ... Dabei machte nicht dieser Umstand an sich mich traurig, sondern ich weinte um meine Eltern. Sie taten mir leid. Mein Vater war doch schon zum Auto gegangen, die liebevoll gepackten Sachen zu holen. Und dass mich meine Eltern nicht besuchen konnten, tat ihnen bestimmt sehr weh. Dazu kamen Schuldgefühle wegen meiner blöden Wünsche. Auf einmal war alles nicht mehr so toll. Es war alles kaum auszuhalten. Ich hatte schreckliches Heimweh und machte mir viele Gedanken um meine Eltern. Es wurden einige auch schmerzhafte Untersuchungen bei mir vorgenommen, auch eine Rückenmarkpunktion. Das war sehr schmerzhaft, es wurde damals noch nicht betäubt und außerdem probierten sich Studenten an mir. Ziemlich oft rutschten die ab und es knirschten nicht nur meine Zähne vor Schmerzen. Trotzdem war nichts für mich so schlimm, wie der Gedanke an meine armen traurigen Eltern zu Hause. Ich hatte fürchterliche Schuldgefühle. Es war einfach so. Dabei wusste ich sicher selber nicht warum. Ich hatte mir vorgenommen, wenn ich wieder zu Hause bin noch lieber zu sein. Als ich dann nach endlos langer Zeit (so kam mir diese vor) wieder nach Hause durfte, war dieser erste Streit meiner Eltern.

STRICKSACHEN– EIN AUSDRUCK VON LIEBE NOCH HEUTE

Meine Mutter hatte mir in der Zwischenzeit ein wunderschönes grünmeliertes Kleid aus Shetlandwolle gestrickt. Der etwas ausgestellte Rock und der Pullover standen mir großartig. Ich strahlte über beide Backen bis ich merkte, dass da was in der Luft hing. Meine Eltern waren sich das erste mal uneinig. Dabei, weiß ich heute, ging es nur um Schuhe für mich oder nicht. Das Geld war ja wie gesagt immer knapp, damals. Es ist also eine völlig verständnisvolle Reaktion, dass man über so etwas spricht und es da auch gelegentlich unterschiedliche Ansichten gibt. Streit als Konstruktives, völlig Normales habe ich lange nicht kennen gelernt und deshalb auch so weltfremd reagiert. Es passierte in meiner Kindheit auch in Zukunft nicht oft, dass wir Kinder Konflikte miterlebten.

MEIN LUSTIGER VATER. ODER: WELT-UNTERGANG WEGEN DREI FLASCHEN BIER

Als ich 13 war, hat mein Vater an Sylvester mal etwas zu viel in der Firma getrunken. Das kannte ich nicht. Es war also das erste Mal. Er war beschwipst, würde ich heute sagen, überhaupt nicht sehr betrunken oder böse. Mittags kam er dann nach Hause und scherzte. Mit dem Besen fegte er durch die Küche und meinte spaßig, jetzt würde ein anderer Wind bei uns wehen. Liebevoll nahm er meine Mutter dabei in den Arm. Ich fand das schrecklich. Ich wollte meinen Vater so, wie er sonst war, lieb und nicht angetrunken. Dabei war es doch nur Spaß. Es war doch wirklich nicht schlimm. Ich war echt bescheuert und habe völlig überzogen reagiert. Auch mit dem Thema Alkohol hatte ich keinerlei Erfahrungen und konnte es auch nicht richtig einordnen. Sonst wäre meine Reaktion sicher anders gewesen. Wenn ich später davon schreibe, dass ich irgendwann Suchttherapeut wurde in meinem Leben, glauben sie das bestimmt nicht leicht, oder? Doch zurück zu unserem Hausmusikabend in Familie.

HAUSBESUCH ODER: GOTT KAM VORBEI

Nachdem wir also gegessen hatten, gab es noch einen freudig erwarteten Höhepunkt. Unser lieber Priester hatte sich angemeldet. Das war regelmäßig der Fall und immer hieß es, der liebe Gott käme zu Besuch. So hielten wir eine gute Verbindung schon damals schnurstracks bis in den Himmel hinein. Es gab in meinem Leben viele solche wunderbaren Höhepunkte. Der trug damals einen grauen Anzug mit gestreifter Krawatte und roch nach Knoblauch. Pfiffig wie ich bin, merkte ich irgendwann aber, dass der Knoblauch nicht unbedingt etwas mit dem lieben Gott zu tun haben muss. Aber das war wie gesagt später. Ich musste noch viel lernen. Aber damals dachte ich, ich wäre schon schlau. Heute weiß ich, dass ich noch nicht schlau genug war.

KREATIVITÄT

Ich war als Kind eine ziemliche Pröltante. Aufräumen war nicht so mein Ding. Wenn ich es aber machte, dann flogen die Fetzen. Dann machte ich es gründlich. Da ich sehr gerne Süßes mochte, brauchte ich dafür ein Versteck. So groß war meine Nächstenliebe nun auch nicht, es mit anderen zu teilen. Ein beliebtes Versteck war unter der Matratze, zum Leidwesen meiner Mutter. Einmal hatte ich ihr, um meiner Neigung zu frönen, fünfzig Pfennig aus dem Portmonee geklaut. Marita von nebenan machte das häufig. Ich hatte solch ein schlechtes Gewissen, dass ich meiner Mutter das mit Zinsen sobald als möglich zurück gab. Sie wunderte sich, sollte aber nie erfahren, warum ich das tat.

Gottesdienst

Sonntag für Sonntag Gottesdienst, das bildet. Und als Naturtalent konnte ich auch von Anfang an still sitzen, wobei andere Mütter mit ihren Kleinen harte Erziehungsarbeit leisten mussten. Schläge im Namen der Kirche, eine gute Sache sicher, aber so richtig vermisst habe ich das nicht. Die heilige Ruhe im und vor dem Gottesdienst durfte nicht gestört werden, weder durch große noch kleine Leute, das musste man doch verstehen. Nur so konnte es gelingen, die Psyche der Kinder klein und demütig zu halten. Störfaktoren müssen ausgeschaltet werden. Wie sollen sie es sonst lernen, dass alles hat seinen Preis hat. Dass der hoch war, wusste ich erst Jahrzehnte später.

Kinderfreuden

Gott sei Dank war ich anders. Während andere Kinder häufig Begegnung mit dem Rohrstock im Rahmen der notwendigen Erziehungsarbeit hatten, wurden wir durch unsere Eltern kaum geschlagen. So wuchs und wuchs ich heran. Besonders schön war es für mich, wenn ich die Familie des Priesters besuchen durfte. Das waren echte Highlights. Mit nichts anderem, größerem hätten mir meine Eltern eine Freude machen können, als der Erlaubnis dahin zu gehen. Die haben mich auch immer nett aufgenommen. Ich erinnere mich daran, dass die Frau manchmal etwas aufsässig schien, so was kannte ich ja nun gar nicht. Aber die scheinbar liebevolle, demütige, immer ruhige Art des Priesters machte das wieder wett. Dort gab es kluge Gespräche und tausend gute Dinge zum Essen, wobei ich mittendrin in der Familie war und ich wurde nicht müde hinzugehen, obwohl mich dort nichts Besonderes erwartete. Sie hatten zwar auch Kinder, etwas jünger als ich, aber die interessierten mich nicht so. Ich unterhielt mich gerne mit Erwachsenen, selbst wenn ich ausgefragt wurde, merkte ich das nicht. Andere Kinder spielten mit Puppen und ihresgleichen, ich unterhielt mich mit Erwachsenen. Ich verehrte den Priester, mochte den Ältesten und liebte natürlich den Apostel. Ein tiefes Gefühl verband mich schon immer mit meinen Eltern und Geschwistern. Aber in der Göttlichen Ordnung der NAK kommt das immer erst nach der Kirche. So besagt es die Hierarchie. Die Amtsträger stehen an erster Stelle, dann kommt 'ne Weile gar nichts und danach das Irdische. Aber auch darin hatte ich es gut. Mein Vater war zwischenzeitlich Vorsteher unserer Gemeinde geworden. Also Liebe geballt. Kaum auszuhalten dieses Glück von massivem Segen, so empfinde ich das heute nachträglich. Ich liebte meine Eltern also genauso wie die Amtsträger und das war o.k.

KONFIRMATION

Und ich wuchs nicht nur innerlich, sondern auch äußerlich. Stolz betrachtete ich vor dem Spiegel meinen Busen. Größe A war mein erster BH, den ich zur Konfirmation bekam. Der war genauso wichtig wie die ersten Absatzschuhe. Ich fand mich ziemlich fraulich und merkte gar nicht, wie dumm ich doch noch war, wie naiv. Als ich 14 war, sollte auch ich eingesegnet werden. Als religionsmündiger Christ galt es, selber Verantwortung zu übernehmen, nämlich die, die meine Eltern anlässlich der Taufe übernommen haben. Mensch, war ich aufgeregt und stolz. Keine Frage! Aus tiefster Überzeugung durchlief ich die Zeit des Vorkonfirmanden – und des Konfirmandenunterrichtes. Ich weiß auch nicht mehr, wann ich es zuerst bewusst spürte. Irgendetwas hatte sich geändert. Das passierte schleichend, deshalb wohl für mich auch anfangs nicht deutlich spürbar. Es hat mich sehr erschreckt, wenige Wochen vor meiner Konfirmation. Ich hatte ein mir bislang unbekanntes Gefühl von Angst. Aufgeregt fieberte ich diesem Tag entgegen.

MUTTERPASS FÜR DAS DRITTE KIND

Übrigens, wir waren damals schon seit fast vier Jahren nicht mehr nur zwei Geschwister. Der liebe Gott hatte uns ein Brüderchen geschenkt. Den habe ich beim

Schreiben der letzten Seiten fast vergessen. Dabei war der schon damals sehr wichtig für uns. Der war fast so süß wie ich und ich umsorgte und hegte und pflegte ihn, als wäre ich seine Mama. Nichts wurde mir zuviel. Viele seiner Sachen hatte ich ihm in mühevoller Handarbeit schon damals gestrickt. Ich beschäftigte mich oft und sehr gerne mit ihm. Als er unterwegs war, hatte ich wieder mal meine Schnüffelphase und wurde dabei fündig. Im Wohnzimmerschrank unter einem Stapel Papiere, weiß der Fuchs, weshalb ich da nach kramte, fand ich doch tatsächlich einen interessanten Zettel. Mutter- und Stillkarte für das dritte Kind. Es dauerte nicht lange, und ich hatte Gelegenheit, diese tolle Neuigkeit meinem großen Bruder mitzuteilen. Das konnte nur heißen, wir kriegen ein Baby. Hurra! Wie das alles funktionierte, wussten wir noch nicht, aber dass es so war, das war klar. Trotzdem habe ich bei der Gelegenheit schlau tuend meinen Bruder aufgeklärt, allerdings mit einer sehr eigenartigen Version der Menschwerdung. Mutti und Vati müssen sich sehr lieb haben und dann hat das irgend etwas mit dem Bauchnabel zu tun. Mehr wusste ich auch nicht. War recht lustig.

MEINE JUGEND

Aber nun, vor meiner Konfirmation war unser kleiner Chrischan längst da. Weil ich mich so viel um ihn gekümmert habe, hatte meine Mutter Zeit und Ruhe, die Vorbereitungen zur Konfirmation zu treffen. Wie das äußerlich ablaufen würde, wusste ich schon. Zwei Jahre zuvor hatte ich anlässlich der Konfirmation meines großen Bruders Gerd-Holger das ja mit erlebt. Nur sollte es dieses Jahr mich betreffen. Ich, im Mittelpunkt eines schönen Festes inmitten vieler Amtsträger, Geschwister und Verwandter … Manchmal träumte ich sogar vorher davon und malte mir in den schönsten Farben aus, wie das sein würde. Ich konnte es kaum erwarten. Inzwischen hing ein wunderschönes blaues Kostüm (Faltenrock und Jacke) auf dem Bügel im Schlafzimmer meiner Eltern, das sie extra für diesen Tag vom Schneider für mich hatten nähen lassen. Ganz zu schweigen von den ersten Nylonstrümpfen und der ersten seidenen neuen Unterwäsche. Ein Traum! Ein Traum war auch die passende weiße Bluse, mit Rüschen am Hals und den Ärmeln. Sie war hinten zu knöpfen und gefiel mir gut. Nun, nicht dass sie denken, ich hätte diesen irdischen Kram über das Geistliche gestellt. Nein! Die eigentliche Handlung, also die Einsegnung, war schon für mich etwas ganz Großes. Sie war nur nicht mehr das einzige, was mich interessierte. Schließlich war ich zu einem fast jugendlichen Alter herangewachsen. Dieses Alter birgt auch Gefahren, hatte ich gelernt. Der Stammapostel SCHMIDT, der damals aktuell war, nachdem ja Stammapostel BISCHOFF wider Erwarten doch verstarb, ohne dass Jesus wiedergekommen war, schrieb in einem Rundschreiben über diese Gefahren. Oft wurde auch im Gottesdienst dafür gebetet. So ganz wusste ich noch nicht, was gemeint war, nur ansatzweise. Schließlich war ich auch etwas spät in allem.

NUR DAS NOCH!

Ich hatte nie zuvor solche lähmende Angst kennen gelernt wie in den Wochen vor meiner Konfirmation. Ich versuchte sie zwar zu verdrängen, doch das war schwierig. Bitte lachen Sie nicht. Ich hatte wahnsinnige Angst, der Herr könnte vor meiner Konfirmation noch kommen. Schließlich wurde sogar oft unter Tränen am Altar und auch täglich zu Hause darum gebetet, dass dieses Wiederkommen doch bald sei. Es war nicht nur wie früher die Angst dann unwürdig und nicht dabei gewesen zu sein. Diese Angst war immer da. Ich hatte eine neue Art von Angst und das im doppelten Sinne. Ich hatte Angst, den Tag meiner Konfirmation mit all meinen wunderschönen Träumen nicht mehr erleben zu können. Aber das durfte ich doch keinem sagen. Es waren lange, lange Wochen in meinem Leben. Schlimm habe ich dieses Hin- und Hergerissensein erlebt. Was nicht sein darf – ist auch nicht, hatte sich mir doch eingeprägt. Nun hatte ich neben meiner tiefen Gläubigkeit auch ein Geheimnis. Obwohl ich es mir nicht leicht gemacht habe. Immer und ständig habe ich an mir gearbeitet. So trat ich dann am Tage meiner Konfirmation vor den Herrn, um vor ihm und der erhobenen Gemeinde mein Treuegelöbnis abzulegen und ich meinte es ernst. Mit ganzer Seele, mit ganzem Herzen und mit ganzem Gemüt sprach ich die Worte: Ich entsage dem Teufel und all seinem Werke und Wesen. Und übergebe mich dir, Du dreieiniger Gott. Vater, Sohn und heiliger Geist. Im Glauben gehorsam und ernstlichem Vorsatz: Dir treu zu sein, bis an mein Ende. *Amen*! Ich hatte schon immer eine eher leise Stimme. Umso entschlossener kamen meine Worte. Keine zehn Pferde hätten mich davon abgebracht. Wie in der Geschichte, die irgendwann vom Altar kam. Ein treuer Glaubensbruder hatte das wohl auch so gesagt und trotzdem war der eines Tages nicht mehr im Hause Gottes zu finden. Fazit: Immer auf der Hut sein, sei wichtig und nötig. Ich war sicher, das könnte mir nicht passieren. Nur über meine Leiche! Trotzdem hatte sich in mir etwas verändert. Ich musste viel und oft an mir arbeiten im Laufe der folgenden Jahre. Unter die Füße sollte man das, was anders, eben nicht so wie vom Altar gepredigt war, bringen. So trampelte ich manches Mal, immer in dem Bemühen Gott wohlgefällig zu handeln. Wobei für mich immer Gott = Amtsträger bedeutete. Heute weiß ich, alles war sehr personifiziert. Immer wenn ich an Gott dachte, hatte der ein Gesicht. Das des Vorstehers, des Priesters, Diakons … In unseren Kirchen gab es keine Bilder und keinen Prunk. In den Wohnungen, im Kirchenflur und der Sakristei hingen sie, unsere Vorbilder. Aber nur damit sie auch in unseren Herzen bleiben sollten.

Nicht Angst, sondern Liebe lässt uns nachfolgen, hatte ich gelernt. Die Konflikte, die ich dadurch schon als Kind empfand, waren wirklich schlimm. Der ständige Druck, den Anforderungen zu genügen, war schlimm und ständiger Begleiter meines Lebens. Dadurch, dass ich es aber gar nicht anders kannte, habe ich es so massiv oder gar schlimm trotzdem nicht erlebt, sondern einen Verdrängungsmechanismus entwickelt. Muss man, denke ich auch, um einigermaßen gesund zu überleben und vor allem das erwartete Verhalten an den Tag zu legen. In dem Flur des Raumes, der uns zuerst als Versammlungsstätte diente, hing ein Rahmen mit einem Spruch. Ich sehe ihn noch deutlich vor mir, es war ein alter Speicher mit einem abseits gelegenen Seiteneingang. In diesem Gedicht ging es um das *Bereitsein*. Alles, was man beachten musste, stand darin. Manches war auch in meinen Augen richtig und sowieso selbstverständlich. Häusliche Verhältnisse müssen in Ordnung sein ... Aber die Vielfalt der Anforderungen, zum Beispiel. Immer und wirklich immer dabei sein, fand ich schon schwierig. Und dabei war das ein Zeitpunkt, als ich mir absolut noch nicht vorstellen konnte, irgendwann und irgendwo, wenn mich der Herr rufen würde, nicht dabei zu sein. Ich stand da, mit meinen dünnen abstehenden Zöpfen und dachte nur: „Hoffentlich kommt da nicht doch mal was dazwischen“. Ist doch menschlich. Aber sofort verwarf ich diese abgründigen Gedanken wieder. Ich war ja erst ein Kind, von vielleicht sieben bis acht Jahren. Ich konnte früh ziemlich gut lesen, wobei ich im Rechnen nie die Lieblingsschülerin meines Lehrers war. Da tat ich mich schwer. Manchmal brachte ich ihn zur Verzweiflung, glaube ich. Außerdem war es ja auch viel wichtiger, die zehn Gebote einzuhalten als theoretische, gute Kenntnisse zu haben. Das tat ich, wusste ich doch sehr gut, was man muss oder besser, was der Herr von einem erwartet, wenn er wiederkommt, um die Verheißung einzulösen. Alles muss in Ordnung sein, Gedanken, Taten. Und das machte mir Kopfzerbrechen schon damals. Die Anforderungen erschienen mir sehr, sehr hoch. Was denn, wenn das einmal mal nicht klappt, war meine Sorge schon damals und meine Angst wuchs. Solche Sachen, wie ich sie später erlebte, spielten damals noch keine Rolle. Ich kannte ja in meiner Naivität erst einen Bruchteil der Realität.

DAS FRÖHLICHE KIND

Wenn jemand nun denken sollte, ich wäre durch diese Ernsthaftigkeit ein trauriges Kind gewesen, so kann ich den beruhigen. Ich hatte schon auch meinen Spaß. Ich konnte zum Beispiel wunderbar spinnen. Nicht so, wie meine Parkoma manchmal auf ihrem Spinnrad und den Abfällen der Schafe, sondern mit Hilfe meiner Phantasie und meinem Mund. Ich hatte eine rege Phantasie. Mancher konnte sich auch darin 'ne Scheibe abschneiden. Darin war ich Klasse. Eine Episode war folgende: Ich holte meinen Vater gerne und oft nach der Arbeit vom Hühnerleiterbus ab. Das war so ein großes altes Auto in Busgröße mit dem Ausgang hinten. Eben eine Hühnerleiter. Nachdem wir uns begrüßt hatten, erzählte ich ihm gelegentlich nicht nur die Wahrheit. Das machte ich mit ganz ernstem Gesicht. Jede Wette, solche Augen können nicht lügen, würden auch Sie gedacht haben. So war es denn eine Mischung aus Ernst und Spaß. Einmal hatte sich meine Mutter einen schönen roten Hut gekauft, ein andermal hatten wir durch die Post ein riesengroßes Paket, ein Westpaket, wie die damals sehr beliebten, so doch seltenen Geschenke hießen, bekommen. Beide Ereignisse waren völlig aus der Luft gegriffen. Meine Phantasie hatte keine Grenzen. Ich war da nicht geizig, ich hatte da einen riesigen Vorrat. Ich fand das lustig und weiß heute nicht mehr, ob ich es in solchen Momenten selber geglaubt habe. Sonst nahm ich es ja sehr genau mit der

Wahrheit. Lieb war das aber vielleicht wohl doch nicht so ganz, oder?

Bürospiel statt Puppen

Am liebsten spielte ich, wenn ich es denn tat, Büro. Ich hatte einiges an Formularen, die mir mein Vater aus seinem richtigen Büro mitgebracht hatte, und das machte mich total glücklich. Mein Vater war Meister in einem Landmaschinenbetrieb und manchmal, wenn er Bereitschaftsdienst hatte, durfte ich mit hin. Ein richtiges Büro. Mensch war ich zufrieden dort. Ich war übrigens schnell glücklich zu machen. Und genauso war es, wenn ich in meinem improvisierten Büro zu Hause saß und meine unsichtbaren Kunden abfertigte. Wenn ein neuapostolischer darunter war, freute ich mich ungemein und bediente ihn selbstverständlich vorrangig. Ein weiteres Spiel war das der Krankenschwester. Von Puppen und solchem Kram hielt ich nichts. Das heißt, ich mochte die schon, aber konnte nichts mit ihnen anfangen. Ich fand es gut, wenn sie schön aufgeräumt, schick angezogen im Regal saßen. O Mann, wenn das stimmen sollte, dass solche Mädchen keine guten Mütter werden, sah das für meine armen späteren Kinder schlecht aus. Aber ich habe mit diesem Vorurteil dann aufgeräumt, so gut es ging zumindest, als ich dann wirklich Mutter war.

Versuchung

Wenn wir tatsächlich mal ein paar Groschen als Kinder hatten, waren wir früh dazu angehalten dem Herrn seinen Teil zu geben. Das war manchmal hart. Aber das traute ich mich nicht anders zu tun. Die arme alte Witwe in der Bibel hatte sogar ihr Letztes gegeben. Allerdings war die Versuchung groß, denn in der NAK steht niemand am Ausgang, der das beobachtet, sondern das Opferkästchen steht dort ganz mutterseelenallein. Aber der Herr sieht alles! Damals wusste ich auch noch nichts davon, dass man, um im Leben gesegnet zu werden, den zehnten Teil dessen, was man hat, opfern muss, wobei die Betonung auf dem Segen liegt. Natürlich muss man nichts in der NAK. Ich weiß nur, dass meine Eltern, obwohl sie wenig hatten, immer ihr Scherflein dem Herren gaben. Das sage ich nicht abfällig, sondern voller Achtung. Welchem Herrn? Dem Neuapostolischen, ist doch klar! Alleine die individuellen Dinge, unbedingter Gehorsam, Demut, Sanftmut, Keuschheit ... bis zur Selbstaufgabe schienen mir zeitweise bis in die letzte Konsequenz schwer oder so gar nicht machbar. Natürlich sagte ich das nicht, sondern besiegte solche Gedanken, die für mich zu Konflikten wurden, mehr oder weniger in meinem Herzen. Ich schluckte, hielt den Mund, betete darum mich selbst überwinden zu können. So hatte es sich mir eingeprägt, in vielen Jahren. Man kann nicht verhindern, dass Vögel über unsere Häupter fliegen; doch dass sie Nester bauen, schon. Schlechte Gedanken musste ich also besiegen. Aber es gab da auch einen Trost. Wie hatte es noch kürzlich der Hirte gesagt: Wer nur ehrlich und von ganzem Herzen will, dem wird es gelingen. Der Herr wird hinzu tun, was uns dann fehlt. Und was bedeutet schon dieses bisschen Leben, dieses bisschen Erde gemessen an der ewigen Herrlichkeit? Ich ließ nicht nach in meiner Nachfolge, in meinem Aufschauen zu den Vorangängern. Das bedeutete ständig, unter Hochspannung zu stehen, denn das ehrliche Bemühen, das ehrliche Wollen war ja Grundbedingung, Grundvoraussetzung. Wo hört das auf, wo fängt das an?

KRITIK

Ständig war ich bemüht, nicht die Fehler zu sehen. Kritik ist im Werke Gottes ein Fremdwort. Auf die Idee, dass es das Normalste der Welt ist, dass Menschen Fehler machen und zu denen auch stehen sollten, kam ich lange nicht. Aus dem kleinen, süßen, lieben Gotteskind war eine zarte Rebe am Weinstock Christi geworden. Auch mein Klavierüben trug Früchte, so dass ich längst den Gemeindegesang begleiten durfte. Ich war immer und überall dabei und erntete manchen stolzen Besitzerblick der Segensträger.

MACHEN UND MUND HALTEN

Ein Nein gab es für mich nicht. Ich machte immer und überall das, was ich sollte und wollte das komischerweise auch. Heute weiß ich aus welchem Kreislauf das geboren und gewollt war. Ich fühlte mich damals und noch viele Jahre danach geborgen und wohl im Schoße der Gemeinde. Nur das mit dem Kommen des Herrn und den Neuapostolischen Bedingungen machte mir Bauchschmerzen. Ich hielt weiter meinen Mund und erlernte einen für mich ganz brauchbaren Verdrängungsmechanismus. Das ging manchmal, fast vierzig Jahre, ganz gut, oft auch nicht. Doch dazwischen lag alles andere als Harmonie pur. Irgendwann ging es hinaus ins Leben. Da gab es keine wollenen Decken und Tücher, die mich schützten. Nicht nur der Herbst mit seinen Stürmen kam, sondern auch manche Regengüsse. Eisiger Winter wurde es zeitweise, manchmal fürchtete ich zu erfrieren. Doch das kam alles viel später.

FRÄULEIN DOKTOR WÖLLERT

Im Juli 1971 beendete ich mit der zehnten Klasse meine Schulausbildung und das nicht mit Bravur, sondern nur mit befriedigend. Trotzdem hatte ich das Glück, einen ordentlichen Beruf zu erlernen. So wurde ich Stomatologische Schwester im Landambulatorium der Stadt. Fräulein Doktor Wöllert, damals schon nicht mehr jung, mochte mich und hatte wohl von meinem guten Elternhaus gehört. So was war ihr wichtig und mir ein Vorteil. Mensch war ich wieder einmal stolz. Aber es war anders. Zum ersten Mal in meinem Leben hatte ich es auch außerhalb der Kirche zu etwas gebracht. Wenn auch nur durch Beziehungen. Mein damals siebenjähriger Bruder war offensichtlich auch stolz auf mich. Als er mich am ersten Tag zu Feierabend abholen wollte und ihn jemand darauf ansprach, sagte er stolz, er wolle seine Schwester abholen, die sei hier Zahnärztin(!). Na ja, ich war zwar immer noch was Besonderes, *sooo* besonders aber nun auch nicht. Er sorgte natürlich für schallendes Gelächter. Nichtsdestotrotz packte ich nun auch mein irdisches Leben an. Ich lernte, las und arbeitete was das Zeug hält. So lernte ich ein ganz neues Gefühl kennen, im Leben anerkannt zu sein. Nun denken sie bestimmt, ich wurde abtrünnig. Quatsch! Ich ging meinen Weg auch in der NAK und das mit Bravur.

BERUFSSCHULE

In der Klasse der Medizinischen Fachschule war ich zwischenzeitlich zum Klassenaktivleiter gewählt worden. Und was ich tat, machte ich ganz. Offen und kritisch sagte ich meine Meinung und setzte mich für die Belange der Klasse ein. Dabei verschwieg ich meinen Glauben nicht, im Gegenteil. Ich rühmte und pries ihn und schleppte manches mal fast die halbe Klasse mit in den Gottesdienst. So überzeugt war ich immer noch von der Richtig- und Einmaligkeit dieses Weges. In stundenlangen Gesprächen, die ich dann aber niemand mehr aufdrängte, konnte ich abgeben vom unendlichen Reichtum, den ich meinte in Gott erlebt zu haben. Sie können sicher sein, ich versäumte keinen Gottesdienst, selbst wenn schwierige Arbeiten in der Ausbildung anstanden. Gerade fällt mir eine Geschichte ein, die das beschreibt. Angesagt war die Abschlussprüfung in Anatomie. Ein schwieriges Fach mit viel Latein. Viele, selbst die sonst oft in Diskotheken unterwegs waren, saßen da und büffelten. Ich lernte seit Beginn der Ausbildung kontinuierlich, sogar manchmal nachts im Waschraum, wenn die anderen schliefen oder die Bude voll qualmten. Das Lernen fiel mir immer noch nicht leicht. Es war ein

Donnerstag. Der Tag, an dem in der Woche immer der Gottesdienst dort in Waren an der Müritz, wo ich lernte, stattfand. Ich zögerte keinen Augenblick daran, dass ich auch an diesem Abend zunächst dahin gehen würde. Selbstbewusst zog ich mein Kirchenkleid an, mit Hosen ging man als Mädchen oder Frau da natürlich nicht hin. Ich kämmte meine langen, noch immer roten Haare zum Pferdeschwanz und betrachtete mich zufrieden im Spiegel. Darauf angesprochen, dass wir doch morgen diese gefürchtete Klausur schreiben würden, sagte ich lachend, ich würde nachher lernen. Der liebe Gott könne es auch so machen, dass inzwischen der Strom weg gehe und sowieso nichts geschafft würde.

SEGEN

Ich brauche den Segen des Herrn als Grundbedingung für den Erfolg meines Lernens. Als ich wiederkam, lachte keiner mehr. Es gab eine Stromsperre und erst kurz bevor ich eintraf, hatte man Kerzen gefunden. Mit fröhlichem Herzen machte ich mich an die Arbeit, um zu lernen. Herz-, Kreislaufsystem und alles, was damit zusammen hängt, war dann am Folgetag das Thema. Wichtige Organe, um überhaupt leben zu können. Mein wichtigstes Organ war die Verbindung zur Kirche. Ich schrieb in der Klasse mit die beste Arbeit unter der dann auch stolz eine glatte Eins prangte. „Besonders gut!“ hatte mein Lehrer darunter geschrieben. Eine schöne Glaubenserfahrung für mich und ein sichtbares Zeugnis für die Klasse. Überhaupt waren meine Leistungen nun nicht mehr nur mittelmäßig. Ich gehörte zu den besten in der Klasse bis zum Abschluss.

DER SPAGAT

Von nun an machte ich wieder eine neue Erfahrung. Ich spürte diesen unheimlichen Spagat, den man als treuer Neuapostolischer Christ machen muss. Auf der einen Seite steht man im Leben durchaus auch seinen Mann.

Übernimmt Verantwortung auch für andere und ist absolut kein Ja-Sager. In der Kirche ändert man sich nicht. Man macht und glaubt und liebt, wenn man so ist, wie es sein soll. Man ist immer und überall dabei. Geht nicht? Doch! Ich muss es schließlich wissen. Ich habe es erlebt. Und ich habe viel erlebt, bis ich eines Tages nicht mehr konnte. Ich selbst hätte meinen Weg damals für unmöglich gehalten. Ich war wirklich etwas Besonderes, sagen die wenigen, die überhaupt von damals noch mit mir Umgang haben. Ich habe nur aufrichtig und ernst das gemacht, was man mich lehrte.

ZWEI MÖGLICHKEITEN

Da kann es für mich nur die zwei Wege geben, entweder ich bin sagenhaft oberflächlich und gehe den Weg nur stückweise, indem ich trotzdem alles doch so mache, wie ich es will, oder aber ich halte mich an das, was man mich lehrt, nicht teilweise, sondern in aller Konsequenz 100 %. Damit sind Probleme vorprogrammiert. Das ist meine feste Überzeugung. Meine erste Erfahrung mit einem Mann oder Jungen machte ich mit 16. Damals war ich auch auf dem Gebiet das, was man wohl spätreif bezeichnet. Ich saß auf dem Rückweg von der Hochzeit meiner Cousine im Zug und an meinem Knie befriedigte sich ein Typ. Ich stieß ihn zwar weg, aber dachte mir nichts sonderlich Schlimmes dabei. Damit, dass ich mich weiter hinten ins Abteil setzte, wo mehr Leute waren, war der Fall für mich erledigt. Ich fand das zwar komisch, aber damit war es für mich auch vergessen. Meine Spätreife hatte also nicht nur Nachteile. Trauriger war für mich, dass ein anderer Gast auf der Hochzeit mich im Garten geküsst hatte und ich so doof reagiert hatte. Als ich nicht weiter wollte, wurde ich für Rolf uninteressant. Ich wusste zwar nicht genau was der im Schilde führte, fand es aber schade, dass ich ihn nun nicht mehr interessierte. Ich hätte mich gerne weiter mit ihm unterhalten.

Nur küssen, das war so eklig nass und dass es da noch mehr gab, ahnte ich zu dem Zeitpunkt nur vage. Küssen wollte ich nicht, geschweige denn noch mehr. Aber so in den Arm nehmen, das gefiel mir schon. Ich gebe zu, viel Erfahrung hatte ich also nicht mit dem anderen Geschlecht, genauer gesagt keine. Ich war richtig blöd. Mit 17 ½ wurde ich erwachsen.

HANS, MEIN ERSTER MANN

Irgendwann jedoch lernte ich Hans kennen, es war so Mitte der Ausbildungszeit in der Zahnarztpraxis. Und meine Lehrjahre waren mit Sicherheit keine Herrenjahre. Richtig alte harte Schule war das. Wir Schwestern lernten noch, für den Patienten da zu sein. Das war gut so, habe ich im Nachhinein gemerkt. Damals jedoch floss manche Träne. So lernte ich also den Hühnerzüchter Hans kennen. Ich hatte ihn schon ein paar Mal als Patient miterlebt. Beim gemeinsamen Frühstück sagte mein Frl. Dr. wie nett er doch sei und wie anständig. Von da an traf ich ihn, wenn denn zufällig, mit anderen Augen. Und irgendwie habe ich ihn anscheinend auch interessiert. Damals hatte ich ganz lange, immer noch rote Haare. Es hatte sich immer noch nicht verwachsen. An einem lauen Sommertag war es dann so weit. Er sprach mich an. Allerdings nicht so, wie man es als Mädchen gerne hört. Er kam mit seinem Fahrrad auf mich zugerast und fuhr erst kurz vor mir eine scharfe Kurve. Irgendwas von über den Haufen fahren stammelte er, vor Verlegenheit. Ich war empört. So hatte ich mir das nicht vorgestellt. Doch wenige Tage später trafen wir uns ein zweites Mal auf der Straße und mein Herz schlug höher, als er mich dieses Mal ansprach. Das klang alles ganz nett und vernünftig. Wir verabredeten uns für den Abend zu einem Spaziergang. Dieser Spaziergang führte uns zum Teufelsberg, einem nahe gelegenen schönen Platz. Ich hörte die Engel im Himmel singen. Als er zaghaft meine Hand nahm, war die Welt für mich in Ordnung. Er roch nach Seife und Rasierwasser, nach Sauberkeit und Ordnung und wir sprachen über manches. Natürlich auch über meinen schönen Glauben, versteht sich. Er war ein interessierter Zuhörer. Von da an trafen wir uns regelmäßig. Händchenhalten, reden. Weiter nichts. Versprochen. Kurz darauf lernte ich auch seine Familie kennen. Er lebte mit seiner Mutter in einem Zimmer im Haushalt der Großeltern und der Tante. Komisch fand ich nur, dass er noch mit 24, so alt war er damals, Rechenschaft darüber ablegen musste, wohin er gehe. Den Abend, als wir das erste Mal ausgingen, war er offiziell im Kino. Seine Mutter äußerte sich darüber entsetzt, dass es im Kino wohl nass gewesen sei, denn er hatte dummerweise nasse Schuhe. Einen Moment stutzte ich, warum er mit 24 noch über alles Rechenschaft ablegen musste. Ansonsten waren die aber alle sehr lieb auch zu mir. Natürlich besonders zu Hans, sie umsorgten und umhegten ihn wie ein Kleinod. Ich als seine Freundin konnte davon nur profitieren. Seine Unselbständigkeit, dachte ich, geht bestimmt vorüber, wenn wir erst einmal enger zusammen sind. Zu dem Zeitpunkt erledigte seine Mutter noch alles für ihn. Bestimmt meinte sie es nur gut. Aber manchmal war diese Enge und große Nähe, diese Überfürsorglichkeit bedrohend. Es gab sich nicht! Alles musste ich später für ihn erledigen. Er wechselte später nicht mal ohne meinen Hinweis die Unterwäsche. Dadurch, dass er immer nur mit Frauen Umgang in der Familie hatte, Oma, Mutter, Tanten, war diese Entwicklung vorgezeichnet. Er konnte bestimmt gar nichts dafür. Einzige männliche Bezugsperson war ein alter, griesgrämiger Opa, der nur rumtodderte. Ich wäre aber damals auch nicht auf den Gedanken gekommen, dass es eventuell nicht der Richtige sein könnte. So groß war die Auswahl nicht und meine Neugier auf das Neue unbekannte um so größer.

Sehr bald lud ich ihn ein, in unsere Gottesdienste zu kommen. Das war ja klar. Wenn man schon keinen Neuapostolischen abkriegte, so galt es den Weltmenschen den Glauben nahe zu bringen. Das war meine verdammte Pflicht und Schuldigkeit. Dabei galt es nicht ihn zu drängen, sondern nur zum Prüfen der Sache zu bewegen. Es dauerte nicht lange und er wurde einer von uns. Und nicht nur das. Auch seine Mutter zählte fortan zu den wenigen Auserwählten. Da sie gut singen konnte, sang sie ab sofort im Chor mit. Hans konnte nicht gut singen, aber sich als Werkzeug in den Dienst des Herrn stellend, hieß es, das wird schon. Er sang dann auch mit, wie es gewünscht wurde, nicht schön, aber er war da. Und während seine Familie ihn weiter umsorgte, seine Mutter ihm die Schuhe und vielleicht sogar die Zähne putzte, wurde aus uns das, was man früher versprochen nannte. Er war ein gut aussehender Mann, mit einem angesehen Beruf. Dass er im Betrieb beliebt und angesehen war, wusste ich von meinem Vater. Der arbeitete in der selben Firma. Manchmal hieß es, sei er ziemlich albern und kindisch. Aber das könne sich ja ändern, war ich überzeugt. Was wollte ich mehr. Zudem war er inzwischen neuapostolisch geworden und wir hatten uns nach Abschluss meiner Lehrzeit auch offiziell verlobt. Es war sicher wie das *Amen* in der Kirche, dass wir zusammenbleiben würden. Manches störte mich dabei schon an ihm. Aber ich hatte ja früh gelernt zu verdrängen.

EINLADUNG ZUM PRÜFEN

Irgendwann schliefen wir dann auch miteinander. Und das schon vor der Hochzeit. Schöner Mist. Nun gab es gar kein Zurück für mich. Ich hatte gelernt, dass man sich das für die Ehe aufheben soll und einfach so ausprobieren, nein, das sei Sünde. Das heißt nicht, dass ich ihn überhaupt nicht mehr mochte. Ich war nur hin und hergerissen in meinen Gefühlen. Eine Situation, in der

DIE SÜNDE

man sich einfach nur ausprobieren sollte, schon, um sich seiner Gefühle klar zu werden. Das kam so nicht in Frage. Ich finde es unverantwortlich von einer Gemeinschaft, junge Leute in Ehen zu drängen. Dabei bin ich absolut nicht für diese grenzenlose Freizügigkeit, die heute herrscht, wo nichts tabu ist. Das finde ich auch schlimm. Ich denke, er war ebenso durch seine stark einschränkende bemutternde Erziehung lange nicht reif für eine Ehe. Ihm hatte man, wenn sicher auch in guter Absicht, alles abgenommen, manchmal sogar das Denken. So hatten wir eine zwar völlig unterschiedliche, aber doch ähnliche Vergangenheit. Beide dumm und unerfahren heirateten wir im Februar 74. Schon am selben Abend hatten wir unseren ersten Streit. Für mich stürzte eine Welt ein. Wir hatten auch schöne Zeiten aber viel Stress. Immer noch dachte ich, das wird besser.

Die erste große Enttäuschung

Knapp ein Jahr später kam Ulrike zur Welt. Vormittags spielte ich mit meinem dicken Bauch noch das Harmonium zum Neujahrsgottesdienst und abends ging es dann in den Kreißsaal. Mein Mann konnte nicht Auto fahren und hatte auch sonst gerade keine Zeit. Er besuchte alte Hühnerzüchterfreunde im Ort. Als höflicher Mensch musste er denen ja ein gutes neues Jahr wünschen gehen. Ich musste ja auch nicht ausgerechnet an diesem Abend in die Klinik. Meine Eltern brachten mich deshalb ins Krankenhaus. Es war eine schwierige Geburt, die bis in den nächsten Morgen dauerte. Als ich dann aber mein winziges süßes, rosiges Baby mit rabenschwarzen langen Haarsträhnen im Arm hielt, war auch der Streit vom Vortag vergessen. Meine Eltern schickten mir Blumen und am dritten Tag machte sich auch Papa Hans frei, um uns zu besuchen. Das war alles reichlich ernüchternd. Aber es kam, wie es kommen sollte und wir kriegten innerhalb relativ kurzer Zeit drei Kinder. 14 Monate nach Ulrike kam Thomas und dann drei Jahre später Kathrin. Ich liebte meine Kinder, am liebsten hätte ich sie beschützt wie eine Glucke. Am schlimmsten war für mich, dass sie viele der Probleme zwischen Hans und mir mitkriegten. Davor hätte ich sie gerne bewahrt. In solchen Momenten kannte Hans keine Rücksicht, auch nicht auf die Kinder, obwohl er ihnen sonst ein liebevoller Vater war. In meiner Beziehung war ich längst nicht mehr zufrieden. Aber es hieß: Augen zu und durch. Ich hatte es mir ja so ausgesucht. Mein einziges Glück im Alltag waren von nun an die Kinder. Und das, obwohl ich früher nie mit Puppen gespielt habe. Jede freie Minute verbrachte ich mit ihnen.

VON DA AN GING ES NUR NOCH BERGAB

Meine Ehe entwickelte sich zu einem einzigen Albtraum, aus dem es kein Erwachen zu geben schien. Scheidung oder solche Dinge waren für uns Gotteskinder unmöglich, undenkbar. Es galt, in Geduld zu tragen, was einem auferlegt war. Ich erlebte, wie auch in meiner Gemeinde der Klatsch blühte. Es gab wenige, die sich da raus hielten. Mein früher so geschätzter Kindergottesdienstlehrer war darin auch Spitze. Ich erwähne nur eine Situation, in der er mich vorne in seinem Laden ausgefragt hatte und hinten saß Hans mit spitzen Ohren. Es war doch alles schlimm und traurig genug und es konnte doch niemand beurteilen. Wir brauchten eigentlich keine Zeitung mehr, der Tratsch blühte auch so. Einmal kamen in diesem Zusammenhang die leitenden Amtsträger unserer Gemeinde zum Schlichten zu uns in die Wohnung. Mein Mann hatte es verstanden, alles zu seinen Gunsten zu verdrehen, so dass ich so richtig mein Fett abkriegte. Das Ergebnis dieser ‚Konferenz‘ war, dass ich nicht mehr demütig genug sei. Ich hatte in der Vergangenheit doch tatsächlich ab und zu meine eigenen Gedanken und Gefühle beachtet und eigene Entscheidungen, ohne die

Kirche zu befragen, getätigt. So etwas geht nicht. Das hätte ich doch wissen müssen. Der liebe Gott ändert sich und seine Gebote nicht, nur wir Menschen ändern uns. Ich wusste es doch. Mund halten, machen ohne nach zu fragen, und wenn es der größte Schwachsinn ist. Eine kurze Episode dazu. Bei diesem Gespräch war es langsam dunkel geworden, so dass ich meinte, das Licht anmachen zu müssen. Schließlich wollte der Älteste aus der Bibel vorlesen. Ich kam mir reichlich unaufmerksam vor. Der aber ranzte mich an, es solle aus bleiben. Ich habe mich erdreistet es doch anzumachen, schließlich war es unsere Wohnung. Ein schwerwiegender Fehler, den man mir noch oft vorhalten würde. Heute im Nachschauen eindeutig ein Demonstrieren der Macht von Seiten dieser Männer. Ich hatte zu dem Augenblick doch einfach nur vergessen, ja und amen zu sagen. Ich hatte es nur gut gemeint. Im Dunkeln kann man schließlich nicht lesen. Doch solche Begebenheiten waren an der Tagesordnung. Da sie sich aber sehr ähneln, schreibe ich nur Beispiele auf.

Wieder allein; oder: Scheidung wider Willen

Manchmal hatte ich schon keine Tränen mehr, als ich Anfang Oktober das erste Mal von Scheidung sprach. Am 23.10.1983 wurde unsere Ehe innerhalb einer dreißigminütigen Verhandlung geschieden. Ich war am Ende. Fühlte mich verraten und verkauft. Mit drei Kindern alleine ist auch kein Zuckerschlecken. Das weiß jeder, der es selber kennt und wird es bestätigen. Ich gehöre mit Sicherheit nicht zu den Menschen, die sich leichtfertig aus einer Ehe lösen. Leider ist das ja heute für viele nichts Besonderes mehr. Für mich ja. Ich wusste, wie viele Probleme erst dadurch auf mich zukommen würden. Aber es ging nicht mehr anders, das Leben mit Hans war unerträglich für uns alle geworden. Von dem Moment an waren Hans und seine Mutter auch nicht mehr in der NAK zu finden. Es wurde viel schmutzige Wäsche gewaschen. Arge Vorwürfe deswegen musste ich mir fortan aus der Chefetage der Kirche gefallen lassen. Auch meinen Vater nahm man arg in die Mangel. Der hatte ja wohl absolut nichts damit zu tun. Ich hätte so sehr Hilfe gebraucht und war doch mutterseelenallein. Aber selber Schuld. Ich hätte mich ja nicht scheiden lassen brauchen.

Einmischung und das Gespräch mit dem Apostel

Etwas mehr ließ man mich erst in Ruhe, nachdem ich mich beim damaligen Apostel in Schwerin angemeldet und ausgesprochen hatte. Vorher war es nicht mehr auszuhalten. Dabei verlief ohne diesen ganzen Zirkus mein Leben schon schwierig genug. Fairerweise muss ich sagen, dass der Apostel mir keine Vorwürfe machte. Dass ein Seelsorger nicht sagt: „prima, dass sie sich scheiden lassen haben“, ist ja klar. Aber es gibt einfach Dinge, die Fremde nicht beurteilen können. Wenigstens der hat mich verstanden. Spontan schlug er die Bibel auf, und las ein Wort vor, das mich sehr berührte und wohl auch ihn. Es war wie eine Antwort von oben. Ich hatte mir damals ja auch wirklich nichts vorzuwerfen. Es ging doch bei uns nicht um die üblichen Fehler, die jeder in der Beziehung macht. Aber darüber hatte schließlich das Gericht längst befunden. Die Kirche sollte mich einfach nur in Ruhe lassen. Ich war erleichtert, als ich von Schwerin Richtung Heimat fuhr. Ich weiß nicht, was sonst geworden wäre. Die Sache funktionierte und in der Gemeinde ließ man mich zunächst in Ruhe. Waffenstillstand. Was blieb, war das Glitzern in den Augen des Vorstehers. Ich hatte mich da ja auch wirklich was getraut. Die Weisung des Apostels zu befolgen, war sicher ohne jede Frage. Aber ich sollte schon noch dafür büßen. Alles braucht seine Zeit und bis ich diese Rache zu spüren bekam, sollte noch viel Zeit vergehen. Auf der anderen Seite hieß es immer wieder und oft, wichtig sei einzig und allein, dass man dem Herrn treu bleibt. Ich hatte mich gegen den Willen dieser Männer scheiden lassen und war somit Schuld daran, dass diese beiden ach so treuen Seelen, mein Mann und seine Mutter, nun nicht mehr in die Gottesdienste kamen. Ich sollte mich was schämen. Als gutes Beispiel wurde mir die Geschichte einer Glaubensschwester erzählt, die Jahrzehnte schon zu ihrem saufenden Mann gehalten habe, ohne ihn zu verlassen. So etwas sei gottgewollt, aber nicht mein Verhalten. Das erste Mal in meinem Leben hatte ich gehandelt, wie es mir mein Verstand und mein Herz sagten und sie ließen mich fallen wie eine heiße Kartoffel. Dabei habe ich mir meine Entscheidung nicht leicht gemacht. Sie war aus tiefster echter Not heraus geboren. Gerade die, die ich am meisten verehrte, behandelten mich nun eiskalt. Der Bezirksälteste war mir zuvor immer besonders zugetan. Manchmal offensichtlich zu sehr. Doch nicht mal darauf reagierte ich mit Empörung, ich war so blöd und schäme mich noch heute dafür. Ich verhinderte zwar Schlimmeres durch meine naive Art, hatte aber immer noch eine Entschuldigung für die anderen parat. Es war doch der liebe Älteste. Irgendwann sprach er mich nicht mehr vertraulich mit dem Vornamen an, sondern förmlich per Sie. Meine Demut war nicht groß genug. Ich hatte mich scheiden lassen. Ein anderes typisches Beispiel einer Äußerung in einem ähnlichen Fall. Eine Glaubensschwester hatte Probleme mit dem Fremdgehen ihres Mannes, einem Unterdiakon der Gemeinde. Sie ging aus lauter Enttäuschung und Kummer nicht mehr in die Kirche. Der Vorsteher besuchte diese Schwester und äußerte sich dahingehend, dass es nur wichtig sei, weiter in die Gottesdienste zu kommen. Das bisschen *Sex* könne sie sich ja auch woanders holen. Mich hat diese Doppelmoral sehr nachdenklich gemacht.

Mein einziger Trost nach meiner Scheidung war trotz allem noch immer die Kirche und meine reizenden drei Kinder. Die waren mir wichtig. Und was einem so wichtig ist, das bringt man zu Gott. Schließlich wollte ich, dass es ihnen nicht nur hier, sondern auch später in der Ewigkeit gut geht. Deshalb schleppte ich sie unermüdlich in die Gottesdienste. Sonntags sowieso und oft auch Mittwoch Abends. Es hieß zwar, wenn man sie während des Gottesdienstes alleine ließe, würden die Englein mit ihnen spielen, es würde ihnen also nichts passieren. Doch manchmal schien mir das denn doch zu unsicher. Ich war weiter im Werk des Herren tätig. Ich spielte die Orgel, denn inzwischen hatten wir ja längst eine schöne moderne Kirche. Die hatten wir zum großen Teil in Eigenleistung gebaut. Das bedeutete, jahrelang an den Sonnabenden neben den Alltagsbelastungen für Essen und Trinken zu sorgen. Wie überall waren wir, wenn es ums Arbeiten ging, immer sehr wenige und immer die selben.

Und es ging trotzdem weiter

Ich leitete jahrelang unseren kleinen Gemeindechor. Wenn ich daran denke: ich hatte einen Vollzeitjob, war hunderprozentig in der Kirche eingespannt und nahm meine Aufgaben als Mutter wichtig. Heute weiß ich nicht mehr, wie ich das alles geschafft habe. Der Haushalt war ja auch zu bewältigen. Ich hatte immer das Bestreben, nichts zu vernachlässigen. Doch es war erst der Anfang.

Dirigentenzeit; obwohl ich eine Frau bin

Irgendwann säbelte mich der Vorsteher plötzlich als Dirigent ab. Keine Erklärung, kein freundliches Wort, schließlich hatte ich das doch jahrelang gemacht. Nicht einmal auf mein Bitten in einer besonders schwierigen Situation hatte man mich entlasten wollen. Wie ein Blitz aus heiterem Himmel ging das dann. An einem Sonntag vor dem Gottesdienst für die Entschlafenen wollte ich mir die in der ganzen Welt einheitlichen Lieder geben

Alles sollte noch schlimmer kommen: Ich hatte ausgedient

lassen. Das war üblich so. Deshalb klopfte ich an die Tür der Sakristei. Ich vergesse das Funkeln in den Augen des Vorstehers nicht, der mir kurz und knapp mitteilte, die gäbe er mir nicht, ab sofort sei jemand anders Dirigent. Ich verstand gar nichts mehr. Nicht der Umstand, dass den Chor nun jemand anders dirigieren würde, störte mich. Das wäre schon akzeptabel für mich. Ich hatte ja auch so genug um die Ohren. Aber das Wie und Warum traf mich ziemlich. Ich war doch ein Mensch und keine Marionette. Nicht ein Wort, nicht eine Geste, schon gar kein Dank für all die Jahre, die ich diese Aufgabe gemacht habe, hatte man für mich übrig. Was bildete ich mir nur ein. Eiskalt wurde wohl beschlossen, dass ich ausgedient hatte. Unbeschreibliche Leere durchzog mich, als ich an diesem Tag wieder auf meinen Stammplatz in der schönen Kirche mit den bunten Scheiben zurückging. Das Holz roch noch stark, weil es neu war. Vergessen war dagegen offensichtlich beim Vorsteher alle Mühe, alle Entbehrung. Der Mohr hat ausgedient, er kann gehen. Wenn dann am Tag der Ewigkeit der Heiland liebend spricht: komm her, ererb die Herrlichkeit beim Vater dort im Licht. Dann wird der Mund voll Lachens sein, die Zunge voll von Ruhm. Denn Großes hat, so heißt es dann, der Herr an uns getan. Scheinbar voller innerer Überzeugung mit zitternder Stimme kam es auch an diesem Sonntag vom Altar. Die Stimme des Vorstehers schien mir weit weg zu sein. Das, was er mit mir gemacht hat, war alles andere als groß. Gemein und hinterhältig fühlte ich mich behandelt. Trotzdem war das alles kein Grund weg zu bleiben. Manchmal war die Ignoranz des Evangelisten unerträglich, aber es war schließlich Gottes Werk. Immer noch war es für mich undenkbar offen zu kapitulieren. Dabei bettelte ich förmlich um Zuwendung. Die Kirche brauchte ich wie die Luft zum Atmen. Einer meiner Fehler ist es zu ehrlich zu sein.

Nach Jahren kam es zu einem Gespräch zwischen dem o. g. und mir. Nach einem Sonntagsgottesdienst wollte er von mir eine Adresse haben und kam deshalb noch mit zu uns nach Hause. Ich war der naiven, guten Hoffnung, es könne nun besser werden. Alles sei bestimmt nur ein Missverständnis. Dabei sagte ich auch, dass es mir nicht um den Posten gehe, sondern ich nur das Wie und seine Beweggründe nicht verstehen könne. Na, da hatte ich mich aber weit aus dem Fenster gelehnt. Er schleuderte mir seinen ganzen Hass entgegen. Mit weißem Schaum, wie ihn angestrengte Sportler am Mund haben, sprudelte es aus ihm raus. Ich sei für ihn ein nichts und mir, ausgerechnet mir würde er überhaupt nichts erklären. Ich habe mit meinen Eigenmächtigkeiten im Zusammenhang mit der Scheidung dafür gesorgt, dass es immer weiter in der Gemeinde den Bach runter gehe. Sein ganzer Hass und seine gesamte Wut ergoss sich über mich. Ich stand da und ließ das wie ein begossener Pudel über mich ergehen. Am Schluss fragte er, ob es „der Dame", also mir, recht wäre noch zu beten. Besuche der Segensträger endeten in der Regel niemals ohne Gebet. Am liebsten hätte ich ihn aus meiner Wohnung gewiesen. Aber es war doch der Vorsteher. Als er gegangen war, saß ich gebrochen in meinem Sessel. Die Kinder waren noch im Kindergottesdienst und ich wusste nicht, wie es weitergehen sollte. Seine Sätze, die er im Fortgehen wie ein Fluch gezischt hatte, lagen wie eine große schwarze Decke über mir. Schlechter gehen sollte es mir. Wer sich gegen den Willen der Kirche, wie ich, hatte scheiden lassen, brauche sich nicht zu wundern, wenn fortan auch der Segen ausbleiben würde. Dagegen sei das, was gewesen, überhaupt nichts. Ich würde die Zeit mit Hans zurücksehnen. So etwa waren seine Worte. In meinem Kopf ging alles durcheinander. Selbst wenn ich irgendeine Schuld unbewusst auf mich geladen haben sollte, ist doch Gott kein Gott der Rache. Einen

Er war doch mein Vorsteher! Ich verstand nichts mehr

Augenblick dachte ich an seine zwei trinkenden Söhne. Was hatte er denn verbrochen, weshalb Gott ihn so strafte. Aber das habe ich natürlich auch nicht laut gesagt. Der Gedanke entstand nur durch die Hilflosigkeit, entsprang nicht meiner Überzeugung. Erst in einem Gespräch mit meinem geschätzten Vater fand ich etwas meine Ruhe wieder. Es sind eben auch nur Menschen und ich solle nur auf Gott vertrauen. Alles wird gut. Mit der Angst eines Ertrinkenden ging ich weiter meinen Weg. Alles was an Wut, Verzweiflung in mir hochkam erstickte ich im Keim. Ich zog mich nicht etwa zurück, sondern als Glaubensprüfung versuchte ich das Erlebte nicht über zu bewerten. Es war eine neue schmerzhafte Erfahrung. Meine heile Welt hatte einen großen hässlichen Riss. Nach unten treten, nach oben kratzen und schleimen, war das das Bild eines Amtsträgers? Ich war verzweifelt.

Wie sollte es nur weiter gehen

Der Glaube und meine scheinbare Liebe zu Gott ließen mich bleiben. Wohin hätte ich auch gehen sollen. Leben war Kirche und ohne diese war ich tot. Und es gab ja zum Glück auch andere Charaktere unter den Brüdern. Mein Glaube hat sich gelohnt. Wunderbar sind doch seine Wege, trotzdem. Ich lebte möglichst gottgefällig, doch nicht wie eine Nonne.

Männer in meinem Leben

Grundsätzlich habe ich die Männer, die ich hatte in meinem Leben, auch geheiratet, wie man es von mir erwartet hatte. Bis auf wenige Ausnahmen. Die waren aber so gering und unbedeutend, dass es nicht wert ist darüber zu schreiben. Meine Kinder sehnten sich nach einem neuen Papa, obwohl sie damals recht sachlich auf die traurige Nachricht unserer Trennung reagiert hatten. Ulrikes Kommentar war: „Na ja, es gab ja sowieso nur noch Streit“, Thomas weinte kurz und meinte dann logisch, so hätte er zwei Wohnungen, in die er gehen könne und

Kathrin war zu klein das zu begreifen. Niemals hat einer meiner drei Spatzen geäußert, Papa solle wiederkommen. Es war wohl vorher auch für sie nicht mehr schön. Abgesehen davon war es nach unserer Scheidung mit Hans seiner Liebe den Kindern gegenüber leider auch von einem Tag auf den anderen vorbei. Das ist sicher etwas, was Kinder spüren.

WIEDER MÄNNERSUCHE

Da ich schließlich auch nicht frigide bin, schaute ich mich irgendwann, Jahre später, nach einem neuen Partner um. Dass ich von Weltmenschen die Nase voll hatte, war ja klar. Das hatte ich ja erlebt, was das bringt.

SIEGFRIED

Über eine Anzeige lernte ich so auch Siegfried kennen. Eigentlich auch eine unbedeutende Episode in meinem Leben. Ich erwähne sie nur, weil ich an diesem Beispiel die Einstellung und das Einmischen der Kirche gut verdeutlichen kann. Also, Siegfried mochte zwar keine Kinder, hatte komische Ansichten was Treue betraf, war aber neuapostolisch. Um die Kinder ruhig zu stellen, brachte er ihnen aus dem großen Berlin immer je einen Becher Nougatcreme mit. Damals gab es im Osten ja noch die Delikatläden. Wir trafen uns eine Zeit lang, obwohl es schnell klar war, da ist nichts ernstes. Nun, alleine sein ist auch schwer. Der damalige Bischof bekam das mit und riet mir allen Ernstes ihn zu heiraten. Wie kann jemand von außen sich erdreisten, solche schwerwiegenden Dinge zu raten. Er kannte den doch überhaupt nicht. Die Hauptsache ist, der äußere Schein bleibt gewahrt. Unverantwortlich, zumal auf den Gehorsam der Untergebenen gebaut wird. Später kommt dann auch keiner und hilft einem. Dann ist man wieder selber Schuld und allein! Hätte ich das getan, wäre eine weitere Katastrophe im Anmarsch gewesen. So viel hatte ich gelernt. Da ließ ich mir nun nicht mehr rein reden. Der Preis war zu hoch, das wusste ich inzwischen.

FREUNDE

Freunde in der Welt hatte man in meiner Situation damals kaum. Wir hatten trotzdem welche, schon damals war das ein Dorn in den Augen der Kirchenmänner. Noch dazu war der Mann der befreundeten Familie Parteisekretär. Kennen gelernt hatten wir uns in einem gemeinsamen Urlaub 1980. Wir trafen uns nicht oft, aber waren das, was man sich unter Freunden vorstellt. Gegenseitige Akzeptanz machte das möglich. Sie waren die einzigen, die mir blieben und wirklich auch halfen. Wir kennen uns immer noch. Zum Beispiel nahmen sie die damals drei Kinder manchmal mit in den Urlaub, später, wenn ich arbeiten musste. Wer macht das schon? Tante Usch und Onkel Ulli waren wichtig für meine drei. Das wurde nicht gerne gesehen in meiner Gemeinde. Einmal begrüßte mich der Älteste: „Sage mir mit wem du Umgang hast und ich sage dir wer du bist!" Es war der Älteste, der mich so gern mochte und gelegentlich auch wie unbeabsichtigt meinen Po berührte. Dann blieb das wohl unter uns. Einiges hatte sich gut gefügt. Meine Kinder wuchsen heran, dass es eine Freude war, ich hatte zwischenzeitlich sogar Arbeit im Ort gefunden und alles lief in geordneten Bahnen. Meine Probleme von damals hatte ich einigermaßen erfolgreich verdrängt, wir hatten zu dem Zeitpunkt auch schon einen anderen Vorsteher. Mit dem kam ich besser klar und der offensichtlich auch mit mir.

ALLES SCHIEN BESSER ZU WERDEN

So kam es, dass der Riss in meiner Seele langsam zwar, aber immer mehr vernarbte. Zwar tat diese Narbe immer noch weh, (bei Wetterkapriolen wie neuen Ungerechtigkeiten etwa), doch es gab auch wieder schöne Zeiten. Ich war zu neuem Leben erwacht. Ich machte und nichts wurde mir zu viel. Auch beruflich hatte ich mich weitergebildet. Nebenberuflich machte ich eine Ausbildung zum Suchttherapeuten. Es hatte sich so ergeben, dass in unserem Ort für Suchtkranke eine ambulante Einrichtung geschaffen wurde. Niemand wollte diese Arbeit machen. Da habe ich mich kurz entschlossen dazu gemeldet. Ich gebe zu, anfangs wusste ich nicht, was auf mich zu kam. Anfangs war es für mich nur wichtig einen festen Arbeitsplatz zu haben. Ich habe auch nicht gedacht, dass ich eine solche Tätigkeit irgendwann aus Überzeugung, lange und sogar gut machen könnte. Wie heißt es? Der Mensch wächst mit seinen Aufgaben. Mit der Theorie kam die Praxis. Ich war weit über zehn Jahre in dieser Branche tätig und dabei lange in leitender Stellung. Ich, der niemals früher etwas mit Betrunkenen anfangen konnte. Aus Angst ging ich lieber auf die andere Seite, wenn mir so jemand begegnete. Beschützt, wie ich es immer gewesen war, gehörten ja auch diese Probleme zu denen, die ich niemals kennen gelernt habe. Tiefes Mitleid war das einzige, was ich früher für solche Menschen übrig hatte. Ich wurde Suchttherapeut, wie ein Nichtschwimmer, der ins Wasser geworfen wird. Irgendwann, schon nach relativ kurzer Zeit machte ich auch diese Arbeit mit dem Herzen und sehr gern. Ich lernte damit umzugehen und eine richtige Mischung aus Zuwendung und Distanz zu schaffen. Der Umstand, dass bei den üblichen vielen Misserfolgen einige, wenn auch wenige dauerhaft unter meiner Betreuung trocken wurden, zeigt, dass ich so ganz schlecht nicht gewesen sein kann in dieser Arbeit. Trotzdem war meine Hauptbeschäftigung immer noch die in der Kirche. Der Spagat, den ich zu dem Zeitpunkt machen musste, schließlich hatte ich inzwischen 'ne Menge mehr Verantwortung übernommen und schaffte das auch gut, – wurde ungleich größer. Ich hatte Ansehen und war jemand im Alltag. In der Kirche zwar teilweise auch, doch immer nur so viel, wie andere es zuließen. Mach mich reiner, immer kleiner war da nach wie vor unsere Bitte. Arm und klein sollten wir sein bis zur Selbstaufgabe. Und man gibt sich auf als NAK-Mitglied. Oder aber man ist nur Mitläufer. Das wollte und konnte ich zu dem Zeitpunkt nicht.

MEIN PRIESTER

Sporadisch besuchte mich seit der Scheidung von Hans nun auch der Priester der Gemeinde. Das ist der, in dessen Familie ich mich als Kind immer so wohl gefühlt habe. Den mochte ich auch wirklich. Immer noch. Aber so, ohne Hintergedanken. Doch wenn er nun kam, erzählte er oft komische Sachen, die nichts mit Seelsorge zu tun hatten. Ich war dann immer noch das kleine naive Mädchen. Das war komisch. Das wusste ich. Er nahm gerne und oft alle möglichen Menschen in den Arm in seiner liebevollen Art. Mich auch. Wie zufällig wanderten seine Hände dann gelegentlich in die Nähe meiner Brüste. Natürlich tat ich so, als bemerke ich es nicht wirklich. Dass ich seine Hände jedes mal ein wenig weiter schob, war auch alles. Es war ja auch nichts. Er kam unregelmäßig immer wieder. Er war mein Priester.

WILFRIED

Im Sommer 1988 lernte ich über gemeinsame Freunde Wilfried kennen. Er war gutaussehend, er hatte dunkle, strahlende Augen und dunkelbraune Haare, war intelligent und was das Wichtigste war, er war zweihundertprozentig neuapostolisch. Meine Kinder waren von ihm auch begeistert. Alle drei nannten ihn von Anfang an Papa. Er war lieb und zärtlich auch zu ihnen. Alles war wie früher, perfekt. Zu perfekt weiß ich heute. Dabei hätte ich es doch eigentlich wissen müssen. Nichts ist im Leben nur gut. Aber das merkte ich damals nicht. Ich war sicher, den hat mir der liebe Gott geschickt. Ich war wie im Rausch. Natürlich heirateten wir schnell, denn dass es der Richtige war, daran hatten wir beide keinen Zweifel. Und daran hatte sich ja nichts geändert. So zusammen leben gab es immer noch nicht. Im Gegenteil, Wilfried schlief vor der

Ehe selten, wenn überhaupt mit mir. Das hatte ihm sein Vorsteher aus Luckau eingeimpft. Das ist Sünde und er war ja überdurchschnittlich neuapostolisch. Ich war stolz auf ihn. Was sein Vorsteher sagte, war Gesetz. Mir war solches Denken nicht fremd. Dabei hätte mich manches stutzig machen müssen. Aber nicht mal das fiel mir auf. Dabei bin ich auch damals nicht das gewesen, was man geistig minderbemittelt nennt. Meine Dummheit hatte ein Alibi, die Neuapostolische Kirche. Wir heirateten. Logisch! Vergessen waren die Jahre dazwischen, vergessen die Tränen und die Einsamkeit. Wir waren wieder eine richtige Familie. In der Kirche mochte man ihn ebenso. Freundlich begrüßte er als Unterdiakon schon bald die Geschwister. Für jeden hatte er ein freundliches Wort. Stolz trug er seinen schwarzen Anzug und ich konnte mein Glück kaum begreifen.

Die einzige, die manchmal etwas still in dieser Zeit war, war meine große Tochter Ulrike. Sie war 14 damals. Ich aber war so mit mir und meinem Glück beschäftigt, dass ich das erste Mal in dieser Zeit ihr trauriges Gesicht auf unseren Hochzeitsfotos bemerkte. Sie war ein sensibles Kind und hatte wohl mehr und früher als ich gemerkt, dass da etwas nicht stimmte. Als ich sie Tage nach unserer Hochzeit danach fragte, weshalb sie auf keinem der Hochzeitsfotos lachen würde, sagte sie ernst und lächelnd: „Wichtig ist doch, dass du glücklich bist Mutti. Dann bin ich es auch." Die Worte gruben sich mir ins Herz. Solche Worte von einem Kind. Sie machten mich sehr nachdenklich. Aber der Alltag mit Wilfried war so harmonisch und schön, dass ich das überhaupt nicht mehr verstand. Niemand hatte so viel Geduld mit Kindern wie er. Er war ein Musterbeispiel eines treusorgenden Familienvaters. Wenn er denn da war, war er es mit Leib und Seele, schien es. Oft jedoch war er unterwegs.

ULRIKE

Wenn Gott ihn rief, ging er und Gott rief oft. Montags Ämterstunde, Dienstags Missionsarbeiterstunde, Mittwochs Gottesdienst und anschließend Gesangstunde im Chor. Da verstärkte er die Reihe des Tenors. Immer, wenn eine Arbeit an der Kirche oder dem dazugehörenden Grundstück zu erledigen war, war er zur Stelle. Das ging vor. Na klar. Wie war das noch? Wenn es um Arbeit ging, waren es immer wenig, die es hörten. Mein Vater war so ziemlich der einzige, der bislang immer da war, wenn es darum ging. Wie schön, dass er nun nicht mehr alles alleine machen musste. Ich weiß, er war stolz und glücklich über diesen Schwiegersohn.

SCHWANGER

Trotz der vielen Arbeit hatten wir noch Zeit für uns. Im Juni 1989 bestätigte mir die Gynäkologin: Ich war schwanger. Unser Glück schien perfekt. Auch meine drei anderen Kinder freuten sich auf das Baby. Allerdings wurde das eine schwierige Zeit, denn wegen drohender Frühgeburt musste ich fast die ganze Zeit in der Klinik verbringen. Es ging nicht anders, aber Wilfried musste in dieser Zeit alleine für die Kinder sorgen. Das machte er gut. Sicher auch für ihn nicht einfach, es war ja wahnsinnig viel. In der Kirche machte er natürlich keine Abstriche. Am 22. Januar, kurz nach der Wende also, kam er dann an, pünktlich auf den Tag, unser Peter. Ein Prachtbaby von acht Pfund.

SCHON ZWEI SELBSTMORDE

So ganz nebenbei hatte Wilfried mir kurz vor Weihnachten, noch in der Schwangerschaft, erzählt, dass er bereits zweimal versucht hatte vor unserer Zeit sich das Leben zu nehmen. Das hat mich sehr erschüttert. Ich konnte das nicht verstehen. Was mochte das für eine schreckliche Frau sein, die ihn dazu getrieben haben musste. Er war vor mir schon mal verheiratet und hatte zwei Kinder. Schuld fand ich auch bei seiner Mutter. Eines war für mich sicher, dieser liebe gute Mensch konnte nicht selber Schuld daran gewesen sein. Wenn man in solcher Situation überhaupt von Schuld reden kann. Die Umstände waren es. Mit keiner Silbe dachte ich daran, dass eine Krankheit, vielleicht sogar eine schlimme, dahinter steckte. Niemand hatte mir vorher gesagt, was mit ihm los ist. Ich schimpfte gemeinsam mit ihm auf alles mögliche und ahnte nicht, wie unrecht ich damit den Leuten tat. Die Zeit verging wie zuvor und ehe wir uns versahen, wurde es wieder Frühling. Diese schlimmen Sachen, die W. mir erzählt hatte, waren ja zum Glück Schnee von gestern und nicht meine Probleme.

DER RAT DES BISCHOFS

Mein Mann hatte sich in den Kopf gesetzt, einem Rat des Bischofs folgend, sich selbständig zu machen. Voller Enthusiasmus und Elan ging er daran, eine Offsetdruckerei vorzubereiten. Ich hatte meine Bedenken, aber unterstützte ihn so gut das ging. Der Hinweis des Bischofs war ihm und teilweise auch immer noch mir Gesetz und Basis vom Erfolg dieses Unterfangens überzeugt zu sein. Er orderte Maschinen, besorgte Räumlichkeiten und im Oktober 1991 wurde es ernst. Anfangs lief es auch ganz gut, wenn man von den normalen Anfangsschwierigkeiten mal absieht. Schade fand ich nur, dass zur Eröffnung niemand von der Kirche da war. Aber die hatten ja auch andere Aufgaben, war unsere verständnisvolle Entschuldigung.

DANN WAR NICHTS MEHR WIE ES VORHER WAR

Im Frühjahr des Folgejahres wurde alles anders. Von einem Tag zum anderen hatten wir nicht mehr den Mann und Papa, der er vorher war. Nichts war mehr da von seiner ursprünglichen Lebenskraft, von seiner Liebe, von seinem Verständnis. Aus ihm war ein schimpfender, unzufriedener Mann geworden. Egoistisch und gemein war er auf einmal. Wir verstanden die Welt nicht mehr. Was war nur geschehen? Ich konnte es nicht begreifen und meine Kinder schon gar nicht. Wie denn auch. Niemand hatte uns gesagt, dass er von Jugend an krank war. Man hatte uns wissend in dieses Elend laufen lassen. Ich war schockiert. Später erfuhr ich, dass solche Menschen nicht familienfähig und auch nicht beruflich belastbar sind. Auslöser dieses neues Schubes der Krankheit war somit wohl die Überforderung zuletzt mit der eigenen Firma. Niemals hätte er zudem eine Familie, noch dazu mit drei Kindern heiraten dürfen. Ganz zu schweigen davon, dass wir auch noch eines zusammen bekommen hatten. Aber das alles wusste ich doch nicht. Das erste Mal in meinen Aufzeichnungen klage ich wirklich an, nämlich seine Eltern und die Brüder in seiner Heimatgemeinde. Die haben es gewusst und nichts gesagt. Ihr Schweigen finde ich unverantwortlich. Wenn ich es gewusst hätte, wäre es meine Entscheidung. So hatte ich keine Chance.

Es folgte die Hölle auf Erden

Was dann kam, war die Hölle auf Erden. Plötzlich war ich mit allem allein. Wilfried war viel in Krankenhäusern, ich hatte dafür zu sorgen, dass alles zu Hause seine geordneten Bahnen lief und noch dazu waren es nicht drei, sondern inzwischen vier Kinder. Ständige Schreiben der Banken machten die Situation besonders deutlich. Ein Existenzgründerkredit von 150.000,00 DM saß uns im Nacken und die Zinsen drohten uns aufzufressen. Mir blieb nichts anderes übrig, als die Ärmel hoch zu krempeln und durch. Die Augen konnte ich schon lange nicht mehr verschließen.

Aufträge

Ich erinnere mich deutlich daran, dass in dieser Zeit oft der damalige Bischof zu mir in die Firma kam. (Der, der Wilfried auch dringend zur Selbständigkeit geraten hatte.) Nicht etwa um mir Trost und Hilfe anzubieten. Für Trost war nach wie vor der liebe Gott, im Gottesdienst versteht sich, zuständig. Was er mitbrachte, war Arbeit für mich. Es ging um unsere armen litauischen Glaubensgeschwister, denen neuerdings viel Aufmerksamkeit galt. Viele Seiten in litauisch habe ich für ihn gesetzt, oft Stunden in meinen Feierabend hinein. Litauisch konnte ich nicht, eine besonders schwierige Aufgabe darum. Nun gut, Geld musste ja auch fließen. Was man da dringend braucht, sind Aufträge. Doch wenn es ans Bezahlen ging, wurde der Bischof kleinlaut und hat jedes Mal noch den Preis versucht zu kippen. Niemals hat er in dieser Zeit gefragt, wie wir klar kommen, ob meine Kinder genug zu essen haben. Und ich war so blöd und hab gemacht und geschwiegen. Das hatte ich ja zur Genüge gelernt. Vielleicht hätte ich mich noch bedanken sollen für die Ehre diese Arbeit machen zu dürfen.

Ich arbeitete Tag und Nacht

Manche Nacht, wenn die Kinder schliefen, habe ich gearbeitet, um in dieser schweren Zeit nicht Konkurs zu gehen. In einem Betrieb wie dem unseren ging es nicht nur um die Beherrschung einer Maschine, sondern vom Satz über die Reproduktion, zur Montage und Plattenherstellung gehörte alles dazu. In einer Nacht musste ich das Drucken lernen. Am Morgen hatte ich mehr Farbe im Gesicht als auf dem Papier. Aber die Not macht erfinderisch und man wächst über sich hinaus. Ich habe es geschafft. Fragen sie nicht wie, aber irgendwie geht vieles. Wilfried hatte sich nicht mehr erholt. Abwechselnd quälte er sich und uns mit manischen und depressiven Phasen. Dabei hatte er beide Formen der Krankheit mit sehr ausgeprägter Intensität. Es war die Hölle. Aber wir haben zu ihm gehalten. Wenn es auch schwer war. Man ist als Angehöriger eines solchen Kranken hin und her gerissen zwischen Mitleid, Wut und Unverständnis. Er war aber krank und konnte offensichtlich nichts dafür. Dass bei solch einem einschneidenden Erlebnis alles drunter leidet, ist doch klar. Besonders litten so auch die Kinder. Zerteilen kann man sich ja nicht. Und ein Konkurs hätte mit Sicherheit auch ihnen nicht gut getan. Ein Leben lang zahlen für etwas, was dann lange nicht mehr existiert, das wollte ich auch nicht. Ich habe heute einen dicken Ordner von der Bank, die in der schwierigen Zeit wie ein Geier über uns schwebend darauf aus war, unsere Firma zu krallen. Banken fragen nicht nach Krankheit. Aber es ist vorbei. Nach drei Jahren konnte ich die Druckerei ohne Restschulden verkaufen. Ich bin dafür von Herzen dankbar und auch stolz auf mich, in dieser schwierigen Zeit nicht versagt zu haben.

Wir waren reich in Gott

Das einzige, was damals nicht litt, war mein Einsatz in der Kirche. Wir hatten kaum was zu essen am nächsten Tag und waren doch immer noch reich in Gott. Das hatten wir doch schon mal. Erinnern sie sich? Statt mich in der wenigen freien Zeit um meine Kinder zu kümmern, rannte ich unentwegt in die Kirche. Nun, ich sorgte schon für sie, indem ich den Haushalt machte, wusch und sie ernährte und ihnen auch meine Liebe gab. Aber das war es natürlich auch schon. Die Zeit war knapp und sie mussten schon manches entbehren. Wenn der Herr ruft, musste ich da sein, wollte ich, dass es uns gut geht. So musste ich mich entscheiden und tat das im guten Glauben auch meinen Kindern zu nützen. Wenn die Kinder noch einmal klein wären, würde ich vieles anders machen. Doch die Zeit kann man nicht zurückdrehen. Sie sind groß und Gott sei Dank geht es ihnen heute zum großen Teil gut. Es tut mir von ganzem Herzen leid, was ich ihnen mit meiner Partnerwahl angetan hab. Ich hätte es ihnen wirklich gerne erspart. Aber wie? Ich habe es doch auch nicht anders gewusst. Selbst später, als wir die Katastrophe schon bemerkt hatten, trennte ich mich nicht von diesem Mann. Immer in der Hoffnung, es würde wieder besser werden, waren wir für ihn da. Er war krank und auch, wenn ich einmal nicht mehr weiterkonnte und die Kinder das merkten, trösteten sie mich: „Mutti es wird schon wieder. Papa ist doch krank." Und es ging weiter. Dabei sollte alles noch schlimmer kommen. Die manischen Phasen, die kamen, steigerten sich ins Unermessliche und es wurde ein ständiger Kampf, Schlimmeres zu verhindern. Summen in Millionenhöhe spielten nun eine Rolle. Immer auf der Hut zu sein, dass nicht neue Schulden dazu kommen, ist hart. Unser Leben hatte sich sehr verändert.

Wo war Gott?

Unser einziger Trost war die Hoffnung auf Gott. Doch wo war der? Am Sonntag in der Kirche kam es wie Hohn vom Altar: Wenn dann am Tag der Ewigkeit ... Ich hätte schreien mögen. In der Woche darauf machte W. unser bis dahin gemeinsames Konto leer und schaffte sich einen Computer mit sämtlichem Zubehör für 20.000 DM an. Wir hatten eine Nachzahlung seiner Rente bekommen, weil er jahrelang ja nichts hatte. Ich wusste wieder einmal nicht, was es zu essen geben sollte und er dachte nur an seine Wünsche. Dass er am Sonntag noch einen (mindestens) großen Schein in den Opferkasten getan hatte, versteht sich von selber. Ich wusste wirklich nicht, wie es weitergehen sollte. Das erste Mal äußerte ich mich ihm gegenüber ungehalten und hatte auch kein Verständnis für sein Handeln. Er packte beleidigt seine Sachen und fuhr zu seiner Mutter. Die ihn mit offenen Armen aufnahm und sein Handeln sogar unterstützte. Nicht eine Frage nach uns. Wo war seine Liebe? Ich war mir so sicher. Er konnte das alles doch nicht gelogen haben am Anfang. Der ihn behandelnde Arzt sprach von einem Kartenhaus, von einer Scheinwelt, in die er sich geflüchtet hatte, als wir uns kennen lernten. Er hatte eine gute Phase. Deshalb war alles zu gut. Ich denke auch, seine

Gefühle am Anfang waren echt. Er konnte nicht anders. So ging es noch zwei lange Jahre, in denen er in einer Scheinwelt lebte. Es folgten zwei Selbstmordversuche, in deren Folge er als Schwerstpflegefall nun schon Jahre in einem geschlossenen Pflegeheim dahin vegetiert.

Es war wie ein Fluch

Die Worte des damaligen Vorstehers, es würde mir einmal noch viel, viel schlechter ergehen, hatten sich bewahrheitet. Die Worte verfolgten mich wie ein Fluch. Es ging mir dreckiger als jemals zuvor. Ich habe Wilfried geliebt und nun war er in einem Zustand, der schlimmer als tot war. Wenn das der Fall gewesen wäre, hätte ich trauern und Blumen auf den Friedhof bringen können. Er kennt seitdem niemanden mehr und es ist wirklich ein Jammer das mitzuerleben.

Ich erhoffte mir Hilfe vom Apostel

Der einzige Trost der Kirche war der, dass man auf ein besseres Leben im Jenseits verwies. Das war mir zu billig. Das konnte es doch nicht gewesen sein. In dieser Zeit besuchte der damalige Apostel unsere Nachbargemeinde und wir waren dazu eingeladen. Den mochte ich vorher immer besonders gern. Wie ein Sterbender hatte ich meine ganze Hoffnung auf diesen Segensknecht gesetzt. Er war derjenige, der vor Jahren in der Situation nach meiner Scheidung geholfen hatte und ich hatte zu ihm Vertrauen, auch sonst kannte ich ihn als tiefgläubigen Segensträger. Wo sollte ich auch hin in meiner Not. Ich konnte mich vor Tränen nicht beherrschen, so fertig war ich. Er schenkte mir keinen einzigen Blick, nur zum Schluss einen eiskalten Händedruck. Ich weiß bis heute nicht, warum er so war. Die Frage stellte sich mir oft. So kannte ich den Apostel bis dahin nicht. In diesem Moment zerbrach der Rest in mir. Ich fuhr nach Hause mit meinen Kindern und fühlte nur noch eine unbeschreibliche Leere. Ich konnte nicht mehr. Ich war innerlich tot. Ich verstehe Menschen, die in meiner Situation anfangen zu trinken oder irgendeine andere Dummheit machen sehr gut. Was soll man tun? Wohin mit diesem unendlich großen Leid? Wenn jemand, den man liebt, stirbt, ist das ganz schlimm. Die Fragen nach dem Warum sind übermächtig und drängen sich einem immer wieder auf. Aber man kann trauern, man kann Blumen kaufen und es gibt einen Ort für diese Trauer, für diesen Abschied. Bei uns war es Gott sei Dank – was die Folgen betrifft – anders. Gott sei Dank, im wahrsten Sinne des Wortes. Ich funktionierte nach außen weiter, ohne in irgendwelche Abgründe abzurutschen. Nicht deshalb, weil ich so stark war, sondern weil mein Weg ein anderer sein sollte.

WO BIST DU?

Was ist nur geschehen?
Ich kann bald nicht mehr.
Ich fühl mich so einsam,
mein Herz ist so leer.
Wie lange willst prüfen
Gott du mich denn noch?
Was hab' ich getan? –
Oh so zeig es mir doch.
Von Liebe, Geborgenheit spür ich nichts mehr.
Ich kann's kaum ertragen,
ich leide so sehr.
Nur Kälte und Härte kommt mir entgegen.
Dabei glaubt ich ernsthaft,
ich stehe im Segen.
Geschlagen, gelitten, alleine und nur
Von all dem Gehörten nicht eine Spur.
Gott zeig dich und hilf mir,
ich brauch dich so sehr.
Ich bin am Ende.
Wo bist du Herr?!

DIESER TAG WAR DER TODESTAG FÜR MEIN ERSTES LEBEN

An diesem Tag begann aber auch mein zweites Leben. Diesen Sonntag werde ich niemals vergessen. Es war wieder ein Herbsttag. Golden blinzelte die Mittagssonne durch die schon bunt gefärbten Bäume, die rechts und links die Straße säumten. Es schien wie Hoffnung, dachte ich einen kurzen Moment noch während der Fahrt nach Hause. Doch der Schein trog, wie oft schon in meinem Leben. Alles war anders geworden. In mir war alles tot. Nicht nur die äußeren Umstände hatten sich dramatisch verschlimmert und zugespitzt, sondern das, was mein Leben bis dahin war, war weggebrochen. Ich konnte einfach nicht mehr. Doch auf der Rücksitzbank saßen meine Kinder. Ich musste also, obwohl ich zu dem Zeitpunkt nicht wusste wie.

TRÄNEN

Zu Hause angekommen, stellte ich den Topf mit Kartoffeln auf den Herd, dazu den Rosenkohl und schon bald brutzelte auch das vorbereitete Hähnchenfleisch in der Pfanne, während mir die Tränen nur so runter rannen. „Was hast Du Mutti? Weinst Du etwa?“ Peter und Kathrin standen hinter mir und machten ein sorgenvolles Gesicht. „Nichts“, war meine Antwort, „das kommt nur vom Zwiebelschälen“, sagte ich, obwohl ich niemals im Leben Zwiebeln an den Rosenkohl getan habe. Doch aber die Kinder mit diesem Müll, den ich erlebt hatte, zu belasten, wäre zum damaligen Zeitpunkt ein Ding der Unmöglichkeit gewesen. Es wäre so, als hätte ich damit mein eigenes Fundament weggestoßen und das meiner Kinder dazu. Augen zu und durch. Der liebe Gott wird es schon machen. Manchmal hat er aber eigenartige Wege für uns, dachte ich noch. Was soll das alles? Aber dass es Gott ist, der durch seine Knechte wirkt, dessen war ich mir noch immer sicher. Trotz alledem! Mich in die Ecke setzen und Trübsal blasen ging nicht. Wie auch? Und ich muss sagen, die Kinder waren in diesem Moment mein Segen. Ich glaube, sie waren in diesem Augenblick das Fundament dafür, dass es überhaupt weiter ging. Wir aßen zu Mittag und am Nachmittag buken wir einen Kuchen. Als wäre es das Normalste der Welt. Funktionieren hatte ich ja gelernt. Wir redeten über die Schule und das Wetter und keiner von uns rührte an das Erlebte vom Vormittag. Sie hatten ja mitbekommen, wie es mir in der Kirche erging und Kinder sehen oft mehr, als wir denken. Doch was hätte ich zu diesem Zeitpunkt auch meinen Kindern sagen sollen? Noch wusste ich doch selber nicht, was los ist und vor allem was wird. Ulrike und Thomas lebten damals schon die meiste Zeit außerhalb. Die Umstände waren so: Ulrike hatte seit Jahren einen festen Freund und Thomas machte eine Ausbildung in Rostock. Aber ein nicht unwesentlicher Grund dazu, dass Ulrike so früh ausgezogen war, war wohl auch der, dass es schon Jahre bei uns nicht mehr schön war. Ich habe ja geschrieben, dass es oft die Hölle war und natürlich erleben Kinder so etwas besonders deutlich. Ich als Erwachsener wusste oft schon nicht, was das alles bedeutete. Wie sollten es dann Kinder verstehen? Trotzdem waren gerade die Kinder mir oft in den besonders schlimmen Zeiten ein Trost und eine Hilfe. Sie können es mir glauben, ich hätte es ihnen allerdings gerne erspart. Doch damals sah ich es auch als meine Pflicht an zu meinem Mann zu halten. Er war ja krank. Und wenn ich einmal meinte nicht weiter zu können, dann waren es gerade die Kinder, die mir Kraft gaben und ermunterten weiter zu machen. Natürlich bedeuten Kinder auch Arbeit und Mühe. Doch das wurde mir nie zu viel. Ich war froh die Kinder zu haben, weil ich sie mir immer gewünscht hatte. Aber etwas anders, ein wenig besser, hätte es schon alles verlaufen können.

Mit einem Vollbad begann das neue Leben

Ich war eigentlich wie eine Glucke. Ich, die immer eine heile Familie und diese wie eine Übermutter beschützen wollte, stand nun vor den Trümmern. Ein Riesenscherbenhaufen war geblieben. Aber es sollte, es musste weiter gehen. So viel war sicher. Sicher, wie das *Amen* in der

Kirche. Am Abend ging es in die Badewanne, schließlich mussten wir am Montag sauber und ordentlich die neue Woche beginnen. Erst Kathrin, dann Peter und zum Schluss ich. Nacheinander deshalb, um Wasser zu sparen. Das machten wir meistens so, Ulrike war wieder zurück nach Teterow gefahren, zu ihrem Freund Olaf und Thomas war längst zurück in Rostock, wo er seine Lehre machte. Abends schrieb ich noch ein paar Zeilen am Konzept meines neuen Projektes *Integration der Familien in die Betreuung alkoholabhängiger Patienten im Rahmen einer Kontakt- und Begegnungsstätte.*

Es ging weiter

Montag früh, nachdem Kathrin in der Schule und Peter im Kindergarten waren, hieß es für mich Kopf hoch und weiter. Ich fühlte mich hundeelend, doch deshalb zum Arzt gehen und mich krankschreiben zu lassen, wäre mir feige und wie Ausreißen erschienen. Ich arbeitete in einer Begegnungsstätte für Suchtkranke und Angehörige als Leiterin. Diese Einrichtung lag mir am Herzen und das war mein Job. Ich hatte ihn schließlich gelernt. Gelernt hatte ich aber nicht den konkreten Fall, selber am Ende sein und auch im Job zu funktionieren. Nun, wie soll man Beratungsgespräche führen, wenn man selber nicht mehr kann? Aber auch das geht. Im Verdrängen war ich ja sowieso Spitze. Zum Traurig sein und Leiden war ja zwischendurch und abends genug Zeit. Am Abend, wenn die Kinder schliefen, war ich zudem meistens so müde, dass ich schnell einschlief. Über die Nächte voller Tränen und Trauer will ich gerade nicht berichten. Wer hat die nicht gelegentlich? Bald hatte ich keine Tränen mehr. Wenn es die Zeit irgendwie ermöglichte, besuchte ich Wilfried im Pflegeheim und versorgte ihn mit dem Nötigsten. Zwei- bis dreimal die Woche war ich da. Er war ja mein Mann. Zwar drehte sich mir regelmäßig das Herz in der Brust herum vor Schmerz und Trauer. Ich hatte die Betreuung vom Gericht für ihn angenommen und wachte darüber, dass es ihm gut ging. Das war mir ein Bedürfnis damals und das, dachte ich, war ich ihm schuldig. Gut gehen – na ja, den Umständen entsprechend. Er kennt niemanden und vegetiert eben so dahin. Jedes Mal hat es mich innerlich fast zerrissen, wenn ich sein Elend sah. Erwähnen möchte ich an dieser Stelle die aufopferungsvolle, sehr gute Arbeit, die von den Pflegern und Betreuern im Pflegeheim geleistet wird. Der schlimme Zustand, in dem Wilfrieds Gehirn durch seinen vierten Selbstmordversuch geraten war, war ein Elend. Schwerste irreparable Schäden führten dazu, dass nichts, aber auch wirklich gar nichts mehr da ist von unserem alten Wilfried. Es fiel mir unsagbar schwer, mich über solche Fortschritte wie, dass er nicht in die Hose, sondern ins Waschbecken macht, zu freuen. Er spricht nicht und kennt niemanden. Im Prinzip ist das kein Leben mehr. Es ist ein bedauernswerter Zustand. Bei jedem Fremden hätte es mir leid getan. Und er war mein Mann. Ich hätte ihm so gern geholfen. Solange ein Fünkchen Hoffnung war, solange die Möglichkeit bestanden hätte, hätte ich ihn nicht ins Heim gegeben. Aber das war keine Frage. Sein Zustand war selbst für ein Pflegeheim eine riesige Herausforderung. Wie sollte ich ihm nur noch helfen!? Tag und Nacht quälten mich diese Gedanken. Sein Schicksal weckte in mir tiefstes Mitleid. Ein Gefühl, das bis heute geblieben ist. Unbeschreiblich ist das Gefühl, dass dieser Mensch in seinem furchtbaren Zustand der eigene Mann ist. Der Gedanke ist kaum zu ertragen. Um mich herum wuchs ein dicker Schutzpanzer. Irgendwann war auch meine Liebe tot. Dabei kann ich nicht mehr genau sagen, wann das passierte. Das geht nicht auf einmal. Das verläuft schleichend und langsam wie eine Seuche. Dabei ist meine Liebe absolut tragfähig. Wenn ich liebe dann ganz. Das kann ich behaupten, denn ich kenne mich. Schließlich war ich immer dabei. Es ging viel Zeit ins Land. Tage, Monate, Jahre. Ich war hart geworden. Arbeit, Haushalt, Kinder, Wilfried ... Wo blieb dabei ich? Unwichtig! Auch die Kirche spielte zu dieser Zeit noch eine wichtige, wenn auch lange nicht mehr die Rolle wie früher. Ich erinnere mich an einen Besuch des Bischofs bei Wilfried im Pflegeheim und auch der Vorsteher der Region ließ sich dort einmal blicken. Belanglose Worte wechselte ich bei der Gelegenheit mit dem Vorsteher, wobei er mir sagte, er würde mich mal mit seiner Frau besuchen. Darauf warte ich immer noch. Das heißt, so ernst habe ich den Spruch auch gleich nicht genommen. Solche wie mich sollte man schließlich mit Vorsicht genießen. Ich war nicht mehr linientreu und so etwas tut man nicht. Längst hatte ich gewagt, den Mund auf zu machen, wenn mir etwas nicht gefiel. Ich war lange nicht mehr das kleine liebe dumme Ding von früher.

Auf einmal war ich ganz allein

Von dem Tage an, an dem ich weniger oder dann gar nicht mehr in die Gottesdienste der Neuapostolischen Kirche ging, war ich sehr allein. Niemand hat das verstanden. Im Gegenteil. Dabei hätte ich so dringend jemanden gebraucht. Wo war sie, die tragende Liebe, von der gerade in der NAK so viel geredet wird? Ich habe mich sehr nach einem freundlichen Wort, nach Verständnis gesehnt und nichts kam. Ein Licht in dieser Situation war der 6. Oktober 1996. Der liebe Apostel und der derzeitige Vorsteher hatten sich angesagt und ich hoffte sehr, alles wird gut. Ich spüre noch heute dieses Gefühl, das man hat, wenn man sich sehr an etwas klammert. Ich wollte damals ja, dass es sich wieder verändert. Ich erinnere mich daran, dass es mir zu der Zeit auch gesundheitlich schon ziemlich schlecht ging. In meiner Verzweiflung ging ich am Vormittag zu Frau T. in Neukalen. Sie war bekannt dafür, dass sie Leuten durch Besprechen half.

Ich bin niemals früher zu so jemandem gegangen. Wenn man Probleme hatte, welcher Art auch immer, waren die Segensträger zuständig. Ich wusste, dass der zweite Stellvertreter Gottes zu mir kommen würde und ließ mich trotzdem besprechen. Und das obwohl ich wusste, dass Besprechen etwas ist, was wir Gotteskinder nicht machen lassen dürfen. Wie tief war ich zu dem Zeitpunkt schon gefallen! Obwohl ich mir da noch nicht bewusst war, dass es nun kein Zurück für mich mehr gäbe. Auch ich glaubte damals noch daran, dass es nur Verletzungen seien, die Zeit bräuchten. Der Apostel kommt und das war schön und gut so. Ein Festtag auf Erden für ein Gotteskind. Am Nachmittag bereitete ich also den hohen Besuch vor. Ich stellte Tassen und Gebäck auf ein Tablett und die Uhr lief unentwegt. Pünktlich wie abgesprochen klingelte es dann an meiner Tür. Man hat mich angehört und für mich gebetet. Gebetet hat man bei der Gelegenheit auch für die anderen armen Seelen, die das göttliche Licht nicht mehr sehen können. So verirrt kam ich mir allerdings nun doch nicht vor. Sie waren nett, aber es hat nichts in mir mehr bewirken können. „Noch aber ist ja Gnadenzeit", hatte der Apostel eindrucksvoll gesagt und uns arme verirrte Seelen Gott anempfohlen. Dem neuapostolischen, versteht sich. Ich hatte noch eine Chance umzukehren. Sicher hatte es eine Bedeutung, dass der drittgrößte Gottesknecht auf Erden nach Gott oder Jesus sich zu mir auf den Weg gemacht hat. Das versuchte ich zu verstehen. Manche Gotteskinder würden es sich von Herzen wünschen, diese großen Männer bei sich zu Hause begrüßen zu dürfen. Ich hatte dieses Glück und änderte trotzdem nicht meine starrköpfige Meinung. Es gelang ihnen nicht, mein Herz anzurühren. Dabei waren sie wirklich nett, keine Frage! Ich weiß, sie haben aus dem Glauben heraus gehandelt. Die beiden Männer kenne ich als ehrliche, aufrichtige Menschen, die wie auch ich früher fest davon überzeugt waren im Sinne Jesu zu handeln. Ich will mich beileibe nicht lustig machen, wenn ich das, was sie gesagt haben wiederhole. Es macht nur die Situation noch einmal deutlich. Verstehen kann es sicher sowieso nur ein Insider. Der eine Besuch allerdings konnte das, was kaputt gegangen war, auch nicht mehr retten. Der Apostel war übrigens der Schwiegersohn des Vorstehers, der mit mir dieses Riesenproblem hatte. Ist doch klar, dass der den nur von der anderen Seite kennt. Ich habe den Vorsteher – den, der mich offensichtlich nicht mochte – sowieso so kennen gelernt: Nach oben kratzen und nach unten treten. Wie sollte der Apostel mir glauben, dass ich das alles wirklich so erlebt habe. Ich war letzten Endes die, die sich verirrt hatte und für mich hieß es umzukehren. Immer ist der schuld, der nicht mehr linientreu zum Werk des Herrn steht. Fehler oder gar Fehlentscheidungen der Amtsträger gibt es nicht. In einem Lied heißt es: ... und wo eine Seele ist irre gegangen, gilt es, sie mit doppelter Liebe zu umfangen. Selbst, wenn mich niemand verstanden hat, was ich schon zugestehe, hätte man mich nicht so allein lassen dürfen. Das war die Situation, die mich dazu getrieben hat, mich das erste Mal in meinem Leben kritisch mit der NAK zu befassen.

DIE NEUAPOSTOLISCHE KIRCHE HEUTE AUS MEINER SICHT

Die NAK ist eine Kirche, die von sich behauptet, die einzig richtige zu sein. Ihr Glaubensziel ist das Wiederkommen Jesu und die ständige Bitte, es möge bald geschehen. Das ist täglicher Inhalt der Gebete. Alles richtet sich auf diesen einen Tag aus und alles andere ist daneben unwichtig. Das Beten und Ringen darum geschieht oft unter Tränen.

UNTERPFAND ZUR EWIGEN HERRLICHKEIT

Andere sind nicht schlecht, aber nur wer mit heiligem Geist getauft ist, hat die Grundvoraussetzung am Tag des Herrn, also bei der ersten Auferstehung, dabei zu sein.

Nur das ist wichtig. Das ganze Leben ist nur darauf eingerichtet. Deshalb gilt es so zu leben, dass man für diesen Tag würdig für ein Leben in ewiger Herrlichkeit ist. „Bitte komm Herr Jesu und hol uns heim“, beten treue neuapostolische Christen möglichst laut. Das heißt, ständig wachend zu sein, denn der Herr könnte jeden Augenblick kommen. Ein Druck, dem man schon aus rein logischer Sicht nicht ohne seelische Folgen standhält.

ERINNERUNG: ZWEI MÖGLICHKEITEN

Für mich gibt es zwei Möglichkeiten: Entweder man lernt mit der Wiederkunft des Herrn umgehen und nimmt es nicht so genau, ist also oberflächlich und Mitläufer oder aber man ist sehr tiefgründig. Und das bleibt nicht ohne Folgen. Kann gar nicht, denn jeder normale Mensch hängt am Leben und es ist das Normalste der Welt, dass man auch an dem hängt, was man sich geschaffen hat. Neuapostolische haben ja auch Häuser und Autos und wie ich weiß möglichst große. Ständige Schuldgefühle und lähmende Angst können dann die Folgen sein. Krankheiten an der Seele sind so vorprogrammiert. Das geht gar nicht anders.

Die NAK ist eine Kirche, die ihre Anhänger darauf schult, das zu tun, was Gott, sprich, die Amtsträger sagen. Man hat seinen Willen grundsätzlich unterzuordnen, eigene Gedanken und Gefühle sind nicht gefragt. Alles ist dort richtig und gut. Kritik ist nicht nur unerwünscht, neuapostolische Menschen üben keine Kritik. Kindlich gläubig folgen sie nach, bis zuletzt. An erster Stelle im Leben steht immer die Kirche. Dabei geht man konsequent, zum Teil rücksichtslos, sogar fanatisch vor, so sehe ich es mit einigem Abstand. Nichts, rein gar nichts, ist wichtiger, als das was die Kirche sagt. Ganze Familien gehen unter Umständen kaputt. Es gibt notgedrungen immer mindestens zwei Sorten Menschen. Geistgetaufte und die, die dieses Unterpfand für die ewige Herrlichkeit nicht haben. Der Glaube, die angebliche Liebe, gebietet das. Was für ein Gott? Was für eine Liebe?

NUR DU ALLEINE BIST SCHULD

Nicht im Sinne der Kirche zu handeln, heißt nicht genug Glauben zu haben, unfähig zu sein. Man wähnt sich lange Zeit selber in Gefahr und schämt sich seiner eigenen Schwächen. Es dauert sehr, sehr lange bis man die Schuld auch an anderen, auch bei den Amtsträgern, oder gar dem System sieht. Was nicht sein darf, ist auch nicht. Wenn das Glaubensgebäude eines Menschen in der NAK ins Wanken gerät, droht alles einzustürzen.

DIE NAK ALS LEBENSFUNDAMENT

Das Leben in der NAK ist nicht nur ein Leben mit Gott, sondern die Kirche sieht sich selbst als das Leben, ein Leben, welches sie bestimmt. Das heißt, wenn man den Schritt aus der Kirche wagt, muss man neu lernen, zu leben. Ab dann heißt es nicht mehr nur zu tun, was gefordert, was bestimmt wird, mit garantiertem Ziel. Nun muss man lernen, alleine Entscheidungen zu treffen, selbst Verantwortung in diesem Sinne zu übernehmen. Es erscheint selbst mir, die ich es erlebt habe, im Nachhinein undenkbar, wie hörig man in einer Situation wie der meinen einem Regime sein kann. Unterwürfigkeit, bis zum Erniedrigen, ohne dass man es merkt, ist üblich. Man ist so unselbständig, dass man die Segensträger als Vorangänger sogar in primitivsten Familienangelegenheiten befragt, um im Segen zu stehen. So ist es – lehrt man – gottgewollt. Angst gesteht man sich in der Regel lange nicht, meistens überhaupt nicht ein. Wer will denn auch schon, dass sein Leben in den Grundfesten erschüttert wird?

HIERARCHIE

Es gibt in der Neuapostolischen Kirche eine Hierarchie. Ganz oben, unantastbar, steht der Stammapostel. Früher lief das noch ein bisschen anders. Es gab Weissagungen und Berufung soll eine große Rolle gespielt haben. Heute wird auch ein Stammapostel gewählt. Nun, wie das gehen soll, weiß ich auch nicht mehr so recht. Ich müsste mir das nochmal raussuchen. Die dem Stammapostel untergebenen Apostel lieben ihn und sind bis ins Kleinste (demonstrativ) eins mit ihm. Ein Phänomen, wie ich finde, entgegen jedem Gruppenverhalten. Die Apostelschar steht also (meistens) hinter oder besser unter dem Stammapostel. Aufschauen kann man ja nur, wenn man darunter steht. Aufschauen zum Vorangänger ist das A und O. Ganz unten fängt das an. Da steht als kleinster Vertreter Gottes der Unterdiakon. Er hat die Aufgabe für Sauberkeit, Ruhe und Ordnung zu sorgen. Er begrüßt die Geschwister und lieben Gäste und nimmt ihnen den Mantel ab.

Der geordnete Weg

In ein Amt wird man übrigens berufen und hat das nicht zu begehren. Mit dem Amt wird man gleichzeitig befähigt, das, was damit verbunden ist, auch leisten zu können. Da, wohin der Herr einen stellt, habe ich gelernt, hat man seine Aufgaben zu erledigen. Amtsträger in der NAK sind nur Männer. Frauen dürfen bestenfalls die Orgel spielen und wenn kein geeigneter Mann zur Verfügung steht, auch den Chor leiten. Kirchenputz und Altarschmuck – das ist Frauensache. Bei der Vergabe von Amtsstufen spielt der Beruf keine Rolle. Ich kenne einen Chefarzt, der Unterdiakon in einer Gemeinde ist, die ein einfacher Angestellter als Vorsteher leitet. Bedingungsloses Aufschauen ist Grundvoraussetzung. Danach kommt der Diakon, Priester, Evangelist, Hirte, Ältester und schließlich der Bischof. Viele arbeiten ehrenamtlich, wobei der irdische Beruf immer hintenan zu stehen hat. Ein weiterer wichtiger Punkt ist das Opfer. Der zehnte Teil dessen, was man hat, gehört dem Herrn. Der Glaube und die Liebe (und wie ich es so erlebt habe – die Angst) gebietet das. Niemand sieht es und trotzdem tut man es, egal ob die Familie darunter leidet. Was mit dem Geld gemacht wird, hat im Detail nicht zu interessieren. Gott vertraut man blind, wozu sollte man auch nachfragen, Kritik gibt es doch ohnehin nicht.

FREUNDE

Freunde: Natürlich hat man diese möglichst nur in den Reihen Gleichgesinnter. Auch Bindungen zu Verwandten sind durch den Eliteanspruch meist recht locker und getrübt. Feinfühligkeit und Herzenstakt gibt es in diesem Zusammenhang wenig. Wenn es sein muss, geht man über Leichen.

WENN NÖTIG, GEHT MAN ÜBER LEICHEN

Als treuer NAK-Zugehöriger setzt man seine neuapostolischen Vorsätze um, egal ob es angebracht ist, oder ob es vielleicht jemand anderen vor den Kopf stößt. Gottesdienstbesuche erfolgen immer bis auf ganz, ganz wenige Ausnahmen um jeden Preis. Familien zerbrechen in manchen Fällen daran. Aber selbst dann handelt man in den Augen der NAK noch richtig. Bibelstellen werden immer so ausgelegt, dass es richtig erscheint. Aufgaben, wie Amtsaufgaben, nimmt man an, auch wenn man sich nicht in der Lage dazu sieht, oder die Familie darunter leidet. Ein Nein wäre ein Nein Gott gegenüber und das kann nicht sein. Also, man sagt immer „ja", auch wenn man „nein" meint. Gott will es so, er wird auch die Kraft dazu geben. Persönliche und schlechte Erfahrungen behält man in der Regel für sich. Was nicht sein darf, gibt es nicht, es ist nicht! Wohin soll man auch damit gehen? Gottes Knechte machen keine Fehler und wer will schon an dem Fundament seines eigenen Hauses graben? Oft hört man von Dingen, die verboten sind. Verboten war nichts. Aber! Wenn man am Tag der ersten Auferstehung dabei sein will, (und das will man ja) muss man immer dabei sein, muss man in Allem so leben, wie die Kirche es lehrt. Das bedeutet im Alltag, dass man immer Außenseiter ist. Überall und alles ist einem fremd, alles, was nicht mit der Kirche zu tun hat. Kino, Disko, Gruppennachmittage in der Schule, Fasching … Von diesen weltlichen Plätzen nimmt er, Jesus, natürlich keinen mit, wenn er kommt. Wer will das riskieren? Also meidet man diese möglichst. Dabei denke ich, ist es nicht wichtig, was wo eventuell verboten ist. Mir erscheint dagegen wichtig zu erwähnen, dass ich es für schlimm erachte, wenn Menschen tun und lassen, was andere Menschen für sie festlegen, unter welchem Deckmantel auch immer! Es ist wohl so, dass manche Dinge inzwischen lockerer gesehen werden. Aber nicht etwa weil es in der NAK mehr Freiheiten gibt. Immer noch gilt es das zu tun, was erwartet wird. Immer noch gibt es Zügel, die aber aus unterschiedlichen Gründen lockerer gelassen werden. Ist das Freiheit? Für mich nicht!

Wo waren sie alle??

Trotzdem ist die NAK eine Kirche, in der ich mich Jahrzehnte geborgen gefühlt habe, die manches hat, was ich wo anders bisher vergeblich suchte. Aber hat sie es wirklich? Heute weiß ich, dass man sich selber aufgeben muss, wenn man alle Forderungen der Kirche erfüllen will. Ein mit Sicherheit sehr hoher Preis. Inzwischen bin ich dabei, mich wieder zu finden, mich neu zu entdecken, mich sogar zu mögen, ohne, dass ich in diese Kirche gehe. Als Gotteskind war ich anerkannt, wurde geliebt. Als ich nicht mehr ging, war ich nur noch allein. Wo waren sie alle? Es war ein langer, schmerzvoller Weg, eine leidvolle Erfahrung. Es ist mir unheimlich vieles, auf das ich sicher auch gerne verzichtet hätte, passiert.

Gott dankbar

Trotzdem bin ich Gott dankbar, dass er mich diesen Weg hat gehen lassen. Sonst hätte sich bis heute nichts geändert. Ich bin froh, dass ich heute so weit bin und bin stolz darauf. Ich bin frei in meinen Gedanken und Gefühlen, frei in meinem Handeln. Das ist gut so. Manchmal fühle ich mich wirklich wie ein bunter und schöner Schmetterling, der sich noch nicht lange aus der grauen Raupe entpuppt hat. Es gibt so viel Schönes, was ich nachholen will.

ES WAR AUCH MANCHES GUT

Aber auch etwas anderes drängt sich in meine Gedanken. Es ist, als hätte sich in meinen Flügeln etwas davon verfangen, was ich früher als gut empfunden habe. So „fliege" ich nun durch die Gegend und will es gerne einbringen. Das ist manchmal jedoch schwierig. Dabei könnten sich die großen Kirchen doch gelegentlich etwas abgucken von dem, was in anderen kleineren Kirchen gut ist. Menschen könnten es hineintragen einfach und unkompliziert. Ohne Hintergedanken ohne Argwohn. Ich erinnere mich an eine Begebenheit vor Jahren, in der ich angeregt hatte eine Frauengruppe zu gründen, die sich regelmäßig im Pfarrhaus trifft, um miteinander zu reden oder auch Tee zu trinken, die irgendetwas, was auch immer, zusammen machen könnte. Das war vor etwa sechs Jahren. Damals hat man mich wie eine Aussätzige behandelt, als hätte ich etwas sehr Schlimmes gewollt. Den Argwohn bekam ich deutlich zu spüren. In einem klärenden Gespräch versuchte ich dann zu verstehen, weshalb man mir so begegnete. Es wird einfach davon ausgegangen, dass man es nicht ehrlich meint, dass man bestenfalls spionieren will. Das war in meinem Fall natürlich völliger Quatsch. Einer meiner Fehler ist, zu ehrlich für dieses Leben zu sein. Sicher war ich, oberflächlich betrachtet, auch komisch für Außenstehende. Aber warum war ich denn so? „Komisch" wird man nicht grundlos. Außerdem: wer legt fest, was ist normal, was nicht? Anders sein heißt doch nicht unweigerlich „schlecht" sein.

ALLES VERÄNDERT

Mein Leben hat sich verändert, ich habe mich verändert. Weil so vieles in meinem Leben passiert ist, und um selber damit klar zu kommen, habe ich irgendwann damit angefangen es aufzuschreiben. Es sind viele „Kapitel“, die zusammen mein Leben – ein Leben zwischen Himmel und Hölle – bis hierher ausmachen. Und ich schreibe auch, weil ich merke, wie wichtig es ist, wie sinnvoll und vielleicht auch hilfreich für andere. Ich habe erlebt, dass Kirche auch krank machen kann, krank dann nämlich, wenn man zu sehr darin verwurzelt, wenn man abhängig und hörig wird. Da diese Grenze schleichend verläuft, ist es wichtig, wachsam zu sein. Vieles habe ich lange Zeit nicht gewusst. Erst vor gut acht Jahren habe ich mich zaghaft an erste Bücher gewagt. Neuapostolische lesen kritische Schriften lange Zeit nicht. Als Gefahr aus dem Abgrund wird eindrucksvoll davor gewarnt. Nichts und niemand soll den kindlichen Glauben beeinträchtigen. Zwar wird es lediglich als verkehrte Meinung von einem Einzelnen abgetan, wenn jemand an die Öffentlichkeit geht. Ein armes verirrtes Schaf ist das natürlich. Sensationslust der Presse oder irgend welcher privaten Fernsehsender. Geltungsbedürfnis oder was auch immer wird vorgeschoben. Niemals lässt man auch nur den Ansatz von objektiven Gründen als Ursache der Unzufriedenheit in der NAK gelten.

Heute frage ich: Warum!? Wenn man so sicher ist, dass alles korrekt und sauber zugeht, wird es sich doch herausstellen. Oder gibt es etwa fragliche Wahrheiten, Halbwahrheiten oder gar Unwahrheiten. Ein ja ist ein ja und ein nein bleibt ein nein. Na. Ja!

Ich habe mich auch nur behutsam (und das aus gutem Grund) an kritische Literatur gewagt. Immer nur so viel wie ich vertragen konnte. Ich weiß heute, dass man unheimliche Angst vor Enttäuschung hat. Wie soll man solchen Schlag verkraften, der mir zeigt, dass alles worauf mein bisheriges Leben gründet, ein Irrtum war. Die NAK hat mich abhängig gemacht, sodass ich eigentlich gar nicht leben konnte ohne sie. Wie sollte es weitergehen nach dieser Lebenslüge. Scham, Trauer, Angst, Unsicherheit ... Lang ist die Palette der treffenden Gefühlslagen, in die man unweigerlich hineinkommt. Die Kirche macht es sich einfach. Wer sich in Gefahr begibt kommt darin um. Auch ein Grund weshalb ich meine Geschichte aufschreibe ist der, dass ich nicht will, dass Menschen, die aufgewacht sind, auf der Strecke bleiben. Ich will sie behutsam an die Hand nehmen und ihnen zeigen, wie es weiter gehen könnte. Auch deshalb schreibe ich so schonungslos offen. Nicht wir sind die Dummen. Wir konnten doch nicht anders. Wir kannten nichts anderes. Woher sollten wir denn wissen, dass es eine andere Wahrheit da draußen gibt. Unsere Wahrheit endete vor der Kirchentür und das nicht durch unsere Schuld.

Opfer – Täter – wer da auf welche Seite gehört, muss jeder für sich alleine feststellen. Ich habe also verbotene, gefährliche Schriften gelesen und nach Prof. OBSTS Ausführungen heulte ich eine ganze Nacht über SIEGFRIED DANNWOLFS „Verlorene Gotteskinder". Das war es, genauso hatte ich es erlebt. Jedes Wort konnte ich unterstreichen. Es gibt nur einen Unterschied, ich bin eine Frau. Einen Tag später telefonierte ich mit ihm. Er gab mir das Gefühl nicht alleine mit meinen Problemen zu sein und machte mir Mut es aufzuschreiben. Veröffentlichungen von Frauen aus der NAK gibt es bisher nur wenige. Wieder vergingen Jahre bis ich so weit war. Dass es ein ganzes Netzwerk von Aussteigern, die sehr gute Arbeit leisten, gibt, wusste ich nicht. Das habe ich erfahren, als die Sache mit dem Neukirchener Verlag passierte, der kurz vor der geplanten Veröffentlichung einen Rückzieher machte. Inzwischen habe ich Material aus allen Teilen Deutschlands, der Schweiz und den Niederlanden erhalten, Der Inhalt ist zum Teil sehr schockierend. Inzwischen dauert mein Prozess der Ablösung schon mehrere Jahre. Trotzdem gibt es immer noch so viele Dinge, die ich nicht weiß. – Was kommt da noch alles!? Nun noch einige Ergänzungen.

Ich hatte Konfirmation und Jugendweihe, wobei der Rat des Apostels meinen Eltern gegenüber lautete, als treues Gotteskind entscheidet man sich zum einen bewusst für Gott, sprich die Kirche, und es ist gut, wenn man sich durch die Jugendweihe zum Staat, in dem wir leben, bekennt. (PS: Es ist also immer eine Sache der Auslegung.) Neuapostolische Christen waren zu DDR-Zeiten dazu angehalten gute, vorbildliche Staatsbürger zu sein, indem sie schon vor dem Gottesdienst ihrer Wahlpflicht nachkommen sollten.

Erschütternd sind für mich im Nachhinein diese offensichtlichen Parallelen zum Nationalsozialismus. Immer hat sich die Kirche nach dem jeweiligen Regime gerichtet. Auch da niemals Kritik, egal, wer am „Ruder" war. (Sozialismus, Kapitalismus, Kommunismus, Nationalsozialismus) Von Raushalten war die Rede, nachvollziehen kann ich neben Akzeptanz aber, dass man sich regelrecht anbiederte. Besonders erschreckend war für mich die Situation der NAK unter Stammapostel BISCHHOFF während der Zeit des Nationalsozialismus. In dieser Zeit, die als Sinnbild der Menschenverachtung … in die Geschichte einging, wurden die Gotteskinder zum Gehorsam dem Regime gegenüber regelrecht erzogen und aufgerufen. Traurig, peinlich, fatal! Niemals zuvor habe ich davon gehört und mit Sicherheit wären auch andere erschrocken, wenn sie davon hören oder lesen würden (so sie es täten). Gespräche über derartige Vorkommnisse gibt es nicht, wenn man solch ein Gespräch sucht, wird das im Keim erstickt und als unwahr, als Lüge dargestellt.

Auf die Harmonie nochmals eingehend, habe ich auch die unendliche Harmonie unter den Amtsträgern im Gehorsam und Aufschauen gegenüber dem Stammapostel erlebt. Erst viel, viel später habe ich von Hierarchie und erbitterten Machtkämpfen mit teilweise zerstörerischem Ausmaß gelesen. So denn jemand unerbittlich und hartnäckig war in seiner Kritik, wurde er „abserviert". Wenn ich bösen Zungen glauben will, gingen so oft ganze Gemeinden. Ich fass das nicht, da musste ich erst fasst 50 werden, um das alles zu erfahren. Millionen Gläubige ahnen in ihrer „treuen Nachfolge" – gleich mir – lange Zeit nichts von all dem, weil sie es niemals hinterfragen würden. Für mich ist es gleichsam ein Phänomen, wie man all das vor so vielen Menschen erfolgreich unter den Teppich kehren kann. In der NAK gibt es absolut nicht nur geistig Minderbemittelte, im Gegenteil!

Bilder der Segensträger – ein Muss nicht nur in den Herzen, sondern auch in den Wohnungen.

Der Bezug der Zeitschrift UNSERE FAMILIE war lange Zeit nicht möglich, auch neuapostolische Tonträger gab es nicht. Wenn jemand mal von „drüben" so was hatte, ging man damit wie mit einem Kleinod um und hütete es sorgfältig. Als sich das änderte, waren wir sehr glücklich darüber und bestellten gerne und möglichst viele, ungeachtet dessen, dass alles im kircheneigenen Verlag sehr teuer (überteuert?) ist. Das Abo der Kirchenzeitschrift war vorprogrammiert. So kam brühwarm alles, was wichtig war nicht nur über die Gottesdienste, sondern auch auf diesem Wege in die Herzen (sprich: die Köpfe) der Gläubigen. Als ich irgendwann die Zeitung abbestellen wollte, hätte man sogar die Kosten getragen für mich. So wichtig sieht man die Informationen über diesen Weg an. Fazit: Gelegentlich ließ man sich die Arbeit an unseren unsterblichen Seelen was kosten. Warum war man so interessiert daran, dass weitergelesen wurde, was „Gott, oder sein Bodenpersonal" uns zu sagen hatten und wo, wann, was passierte. War das aus Liebe? Wo war die Liebe später???

Wenn man als Gotteskind eine schlimme Krankheit oder wie ich auch viel Schlimmes erlebt hat, zählt man zu den Kreuzesträgern. Egal ob Männer oder Frauen. Irgendwann also war ich auch einer. Für die gab es besondere Rundschreiben. Ich erinnere mich an ein Beispiel, das zum Trost gelten sollte: Eine arme Witwe war auf einem Weg an ein großes Ziel. Sie kam an einen breiten Bach und welch ein Segen, sie konnte nur durch ihr Kreuz hinüber gelangen. Sie nahm es ab und legte es als Brücke auf den Bach. Ohne dieses Kreuz hätte sie „mächtig alt ausgesehen". Wie gut ist es doch, solch ein Kreuz zu haben. Vergeblich wartete ich auf das Glücksgefühl und die damit verbundene Dankbarkeit über „dieses Kreuz". Da hört für mich die Logik auf. Und das hat auch nichts damit zu tun, dass Leid einen prägt und trotz allem im Zurückschauen manchmal was Gutes bewirkt. Heute erscheint mir das Beispiel eine Zumutung zu sein, billig und abgedroschen. Leid kann so unheimlich weh tun, ich wollte sehen, wie es ist, wenn sie selbst (die Amtsträger) in ähnliche Lagen geraten. Ob sie wohl das Kreuz nach dem Hinüberkommen über den Bach freiwillig wieder aufnehmen!?

WARUM WISSEN SO WENIGE BESCHEID?

Aus meiner Sicht ist es ganz wesentlich Theologen, Psychologen und ähnliche Berufsgruppen für diese Thematik zu sensibilisieren. Es ist schade und absolut schlecht, dass so wenig fundiertes, sachkundiges Wissen über andere Kirchen und auch Gruppen existiert. Ich habe versucht mit Menschen aus den oben genannten Gruppen ins Gespräch zu kommen. Das war ziemlich schwierig, ja eigentlich unmöglich. Es interessierte einfach kaum. Der eine hörte sich mit Mühe einige Details an, der andere lieh sich nach einigem Drängen den besagten Bericht des Ex-Priesters der NAK aus. Sehr gefesselt hat ihn der scheinbar nicht, denn er liest schon Monate. Das Buch von S. DANNWOLF, ist aus meiner Sicht eine recht objektive Darstellung der Zusammenhänge in der NAK, die wie ich meine, jeder Seelsorger oder Psychologe lesen sollte. Wie sollen sie sonst Menschen wie mich verstehen, was sollen sie raten, wie sollen sie helfen? Dabei bin ich mit Sicherheit kein Einzelfall. Wenn man in meine Situation kommt, ist niemand da, mit dem man reden kann. Die einen, nämlich die Menschen aus der NAK, reden selten mit einem darüber, denn als „säumig gewordener“ ist man eine Gefahr für sie. Geister von unten haben Besitz von einem ergriffen und man ist abtrünnig. Ich habe erlebt, dass die Probleme, die man hat, einfach nicht ernst genommen werden. Das eigene Handeln ist für diese nur eine Laune, eine Zwischenstation ... Es kann, es darf nicht für immer sein. Und man ist allein. Allein, mit seinen Nöten, mit seinen Sorgen, seinen Ängsten und auch Zweifeln. Man braucht ganz dringend Hilfe von außen. Menschen, die einen verstehen, die für einen da sind. Sonst besteht die Gefahr, zu zerbrechen. Nicht mehr in die NAK gehen heißt, sich völlig neu zu orientieren, neu leben lernen zu müssen. Es ist ein verdammt harter Kampf, ein Schwimmen gegen den Strom, allein, ohne fremde Hilfe, krank an der Seele.

Die NAK war mein Leben

Mein erstes Leben war mein Leben in der Neuapostolischen Kirche. Aber so ist es eigentlich nicht richtig, denn ein Leben mit der Kirche wäre o. k. Die Kirche war mein Leben, so ist es korrekt und wohl auch gewollt. Ich weiß, es gibt viele liebenswerte, aufrichtige Menschen, die mein Leben begleitet haben und denen ich auch viel verdanke. Ich glaube, ich bin kein schlechter Mensch geworden. Ich bin dankbar und froh darüber, dass ich die Macht des Betens kennen gelernt habe und dass ich glauben kann. Das macht mich reich. Großen Anteil daran haben meine Eltern. Ich habe doch nur angefangen zu leben, mir meine eigenen Gedanken zu machen, Verantwortung zu übernehmen. Mit 48 denke ich, wurde das auch höchste

Zeit. Ich habe die Marionettenfäden, die mich hielten, abgeknotet, abgeschnitten, weil ich nicht mehr nur funktionieren wollte. Dabei war absolut nicht alles nur schlecht. Das kann und will ich nicht sagen. Es wäre gelogen. Es ist sogar so, dass ich einiges, was ich gehabt habe, jetzt schmerzlich vermisse. Gemeinschaft, Liebe, Geborgenheit, Sicherheit ... Es ist durchaus so, dass sich in einigem die großen Kirchen 'ne Scheibe abschneiden können. Aber das steht auf einem anderen Blatt. Heute kenne ich den Preis, um den es in meinem früheren Leben ging und der ist ziemlich hoch. Ich weiß mit Sicherheit, dass ich das nicht mehr will und werde und bitte Gott mir beizustehen auf diesem schweren Weg, meine Sehnsucht zu stillen und mich spürbar fernerhin zu begleiten.

NIE HAT MIR JEMAND ZUGEHÖRT

Ich weiß genau, meine Glaubensbrüder und -schwestern haben es nicht böse gemeint, sie haben nur gemacht, wie es die Kirche lehrt. Ich hatte in ihren Augen das Beste, was ein Mensch haben kann, besessen und es weggeworfen. Sie konnten mich nicht verstehen. Ich konnte sagen was immer ich wollte, man nahm mich nicht ernst. Mein Verhalten hat man als vorübergehende Episode, als Laune abgetan. Es hat mir wirklich nie jemand zugehört. Was besonders schlimm ist, es ist ein Teufelskreis. Wenn man ein tief gläubiger neuapostolischer Christ ist, dann kann man nicht anders. Jemand der abtrünnig geworden ist, der vom lebendigen Glauben abfällt, ist nach Lehre der Kirche unwiederbringlich verloren. Es sei denn, er findet zu Lebzeiten den Weg zurück. Verlorene wären besser gar nicht geboren. Das tut verdammt weh. Eingeprägt mit Gänsehautwirkung hat sich mir eine traurige Begebenheit vor sechs Jahren im Pflegeheim. Zusammen mit meiner Mutter besuchten wir Wilfried. Er hatte einen sehr schlechten Tag, er schrie und tobte fürchterlich und warf Gegenstände durch die Gegend. Verzweifelt setzte ich mich auf sein

Bett, indem mir Tränen über die Wangen liefen. Ich halte das nicht mehr aus, ich kann bald nicht mehr, sprudelte es in einem schwachen Moment nur so aus mir heraus. Meinen Mann so sehen zu müssen, war mehr als ich ertragen konnte. Mit einem Ausdruck tiefen Leidens blickte mich meine Mutter an. Was sie dann sagte, werde ich niemals vergessen. Nie hätte ich gedacht, dass so etwas über ihre Lippen kommt. Es ist zudem bezeichnend für die Lehre und den Fanatismus der Anhänger. „Ja, das ist schlimm", räumte sie ein. „Aber was Du mit uns machst, ist viel schlimmer." Meine Eltern nahmen es persönlich, dass ich nicht mehr in die NAK ging. Das hatte gesessen, knallhart und eiskalt. Dabei litt ich doch selber zu der Zeit noch ziemlich unter der ganzen Situation. Ich war alles andere als zufrieden. Es war keine Sturheit oder Trotzreaktion. Ich konnte nicht anders. Damals hätte ich es noch unheimlich gerne gewollt. Es ging nicht. Dazu kam die schwierige Situation mit Wilfried. Es ist doch mehr, als jeder normale Mensch tragen kann. Wie sehr habe ich mich nach etwas Verständnis, etwas Mitgefühl meiner Eltern gesehnt. Die Tränen froren auf meinem Gesicht.

Bin ich denn schlecht, nur weil ich mit über 40 Jahren angefangen haben, mein eigenes Leben zu leben? Ich glaube einfach nicht mehr daran, dass Gott nur in der NAK ist. Vielleicht irre ich mich ja. Aber ich fühle inzwischen anders. Er misst uns Menschen mit Sicherheit nicht an der Häufigkeit der Gottesdienstbesuche in nur einer Kirche, oder an einem frommen, glücklichen Gesicht. Ich weiß inzwischen, er sieht das Herz an und das macht mich auch darin so sicher, dass er allein weiß, wie ich es meine. Ich spüre es, dass er mich trägt und bin unsagbar froh darüber.

Es ist eine Ewigkeit her

Vor sieben Jahren habe ich angefangen, mein Leben auch äußerlich in den Griff zu bekommen. Da ich ganz alleine war, habe ich versucht, über eine Anzeige neue Freunde zu finden. Ich weiß, dass man nur irgendwo ankommt, wenn man los geht. Auch habe ich inzwischen gelernt, mit Dingen zu leben, die man nicht ändern kann. Wem hilft es, wenn ich auch zerbreche? Ich habe neue Freunde gefunden und fühle mich in der evangelischen Kirche wohl. Sogar einen Mann gibt es an meiner Seite, der mir zeigt, dass ich ihm wichtig bin. Ich spiele seit Jahren wieder Orgel und freue mich über manche schöne Begegnung. Ich versuche ein Stück Liebe und Geborgenheit zu leben, da, wo Gott mich hinstellt. Dabei passe ich auf, dass ich nicht wieder an irgendeine Leine komme. Was ich mache, will ich gerne, aber dann, wenn ich es will, tun. Ich möchte das Christsein leben und nicht nur Christ heißen. Ich bin nun 49 und ein Mensch mit eigenen Gedanken, Gefühlen und einem festen Willen geworden. Ich habe zu mir selber gefunden – das macht mich froh. Manchmal sprühe ich voll Hoffnung und Träumen, die jahrelang künstlich unterdrückt wurden. Ich bin nicht wunschlos, nein im Gegenteil! Ich habe Hoffnungen und Träume. Meine Ängste sind kleiner geworden und ich möchte, dass sie im Laufe der Jahre ganz verschwinden. Daran werde ich arbeiten. Ich liebe meine Eltern und Geschwister. Ein großer Wunsch ist, dass meine Eltern und Geschwister mir in Zukunft ihre Liebe nicht versagen und mich und mein Leben so akzeptieren. Wir haben doch nur ein Leben auf dieser Erde und ich will meine Familie nicht verlieren. Ich bin abhängig von der Liebe meiner Familie und süchtig nach Harmonie. Während ich hier sitze und schreibe, sehe ich durch das Fenster die Sonne – ein erster Frühlingsbote. Nachher hole ich mir noch ein wenig Frühling ins Zimmer. Schneeglöckchen und erste Krokusse.

Ich bin zwar krank geworden, aber nicht zerbrochen an all dem, obwohl ich lange Zeit sehr krank war und es teil-

ICH BIN KRANK GEWORDEN

weise auch noch bin. Wenn alles zu viel wird, streikt der Körper. Herz, Magen, Schilddrüse – nicht zuletzt streikt auch die Seele und wird krank. Mein erstes Leben hatte seinen Preis und ich bin froh, dass es weiter ging, dass es jetzt einen neuen Frühling gibt. Ich will und werde mich nicht unterkriegen lassen. Ich habe mich verändert. Ich glaube, sonst hätte ich auch nicht einen so wunderbaren Partner an meiner Seite. Ich habe einen festen Willen und glaube immer noch an Gott, nur eben ein bisschen anders. Ich will ein Leben mit ihm und möchte so leben, dass ich für andere ein Segen sein und später vor ihm auch bestehen kann. Offene Herzen und Türen der Menschen untereinander sind mir wichtig. Und ich möchte bewusst leben und im Rahmen des Möglichen glücklich sein, hier, auf dieser wunderschönen Erde. Ich glaube, ich bin ich noch ein Gotteskind.

Ich brauchte einen Freund

Es begann vor vielen, genau vor acht Jahren an einem Märztag. Da ich gut funktionierte, hängte ich auch an diesem Morgen die Wäsche auf. Ich wollte nicht, dass es meinen Kindern schlecht ging. Sie hatten so schon genug erlebt. So bemühte ich mich darum ihnen wenigstens nun ein schönes, ein gutes Zuhause zu geben. Wieder einmal hatte ich Kathrin in die Schule verabschiedet und Peter in den Kindergarten gebracht, als mir noch ein Stündchen Zeit für einen Kaffee blieb. Ich war immer noch in dieser ausweglos erscheinenden Situation, als ich etwas später mich auf den Weg zur Arbeit machen musste. In den Wochen zuvor hatte ich bei einer Kur Rüdiger kennen gelernt und versuchte mich auf ihn einzulassen. Ich sagte mir, Wilfried nehmen wir nichts weg. Es kann nur besser werden. Mein Leben war damals öde und leer. Es war eine einzige Katastrophe, die ich gerne ganz aus meinem Gedächtnis streichen würde. Deshalb will ich darauf auch nicht weiter eingehen. Eine sehr kurze Episode, die es kaum wert ist genannt zu werden. Es zeigt mir aber auch, wie dicht oft schlechte und gute Entscheidungen im Leben beieinander stehen.

KÄPT'N GUNTHER

Umso dankbarer bin ich dafür, dass Gott mir immer wieder doch beigestanden hat. Froh bin ich auch darüber, dass ich in dieser Zeit Gunther kennen gelernt habe. Als Leiter des Marinestützpunktes hatte ich über meine Begegnungsstätte Kontakt zu ihm aufgenommen. So entstand eine Patenschaft zwischen seiner Abteilung und meiner. Er hat mir sehr beigestanden und war auch privat immer für mich da. Er hat großen Anteil daran, dass ich nicht zerbrochen bin. Er hat mir zugehört und sogar teilweise verstanden. Das war viel. Schließlich ist er *nur ein Weltmensch*. Inzwischen kennen wir längst auch seine liebe Frau Susanne und es besteht eine gute Freundschaft zwischen uns. Aber so klar, wusste ich das damals alles natürlich nicht. Ich war mit meiner Situation alles andere als zufrieden.

DIE ANZEIGE

Eines Mittags war es, als ich mir wieder einmal darüber Gedanken machte, dass es so nicht weiter gehen könne. Hatte ich doch für viele Fremde immer wieder gute Ratschläge und an mir selber schien ich so nach und nach, trotz der inneren Kämpfe, zu zerbrechen. Damals war es eine leise, stille Hoffnung. Zu dem Zeitpunkt wusste ich noch nicht, wie dieser Tag mein Leben verändern würde. Ich schrieb: Es gibt Situationen, in denen man meint, nicht mehr weiter zu können, weil schlimme Dinge uns wiederfahren. Da gibt es zwei Möglichkeiten: 1. Man zerbricht selber daran und niemanden kümmert das, oder 2. man macht trotz alledem das Beste aus seinem Leben. Ich habe mich für die zweite Variante entschieden und wünsche mir dazu einen guten Freund. Ohne viel nachzudenken, aber mit eiserner Entschlossenheit schrieb ich diese Zeilen und brachte sie auch gleich auf den Weg zu der Redaktion meiner Tageszeitung. Von da an hatte ich ein gutes Gefühl. Es hatte sich zwar äußerlich nichts verändert, doch tief drinnen wohl schon. Dass das ganze unter Chiffre passierte, brauche ich wohl nicht zu sagen. Auf einmal gab es viele, die mein guter Freund sein wollten. Berge von Zuschriften flatterten in meinen Briefkasten. Damit hatte ich nicht gerechnet. Der zweite, mit dem ich mich traf, war Gerd. Seine Antwortkarte habe ich heute noch. Obwohl sie flüchtig geschrieben und beileibe kein Musterexemplar einer Zuschrift war, rührte sie mich an. Wir trafen uns auf neutralem Boden, aßen zusammen zu Abend in einer Gaststätte und sprachen über alles Mögliche. Zwischen uns war eine Vertrautheit, wie man sie zu wenigen Menschen nur hat. Schonungslos offen waren unsere Gespräche und wir hatten einen guten Draht zueinander.

EIGENTLICH WOLLTE ICH NIE WIEDER EINEN MANN

Ich suchte einen Freund und fand meinen Mann für mein zweites Leben. Das war mir schnell klar, obwohl ich nie wieder einen wollte. Das änderte nichts daran, dass ich auch weiter für Wilfried da war. Das eine hatte nichts mit dem anderen zu tun. Bei mir ging es ums Überleben. Wem hätte es geholfen, wem wäre damit gedient, wenn ich mit Wilfried und seinem Schicksal zerbrochen wäre? Was wäre aus meinem Peter geworden? Ich glaube, das versteht nur der, der es durchgemacht hat. Es war natürlich nicht alles rosarot auf einmal. Das nicht. Das Leben in meiner Situation hatte sich ja nicht in allem geändert. Aber ich war nicht mehr allein. Es war jemand da, der mir zuhörte und mich zu verstehen versuchte. Von Seiten der Kirche hatte sich nichts geändert. Wenn ein geistgetaufter vom Glauben abfällt, wäre es besser, er wäre nicht geboren. Ich hatte das Beste, das Menschen besitzen können, weggeworfen in deren Augen. Die Kirche verstand das sicher nicht. Niemand hat sich auch nur die Mühe gemacht, mich verstehen zu wollen. Dabei war es ein Zeitpunkt, an dem ich mit Sicherheit noch empfänglich gewesen wäre für alles, was mir den Weg zurück geebnet hätte. Ich litt doch selber damals noch wie ein Hund. Ein obligatorischer Besuch des Apostels und einer jedes Jahr zu Weihnachten durch den Vorsteher fand schon statt. Da ging es aber nur darum, dass es an der Zeit wäre, umzukehren. Es waren sachliche Gespräche, ohne dass es gelungen wäre, an meinem Herz zu rühren. Was ich gebraucht hätte, wäre Liebe und Wärme zu erleben, von der immer geredet wurde. Aber da kam nichts.

Die Rache meines Körpers

In dieser Zeit erlebte ich einen erneuten Zusammenbruch. Ich bekam eine Herzklappenentzündung und danach eine Krankheit nach der anderen. Es gibt kaum etwas, was ich nicht aufzuweisen hatte. Dabei ging es mir den Umständen entsprechend doch endlich einmal gut. Ich begriff die Welt nicht mehr. Aber es war wie ein Fass, das übergelaufen ist. Mein Körper rächte sich nun dafür, dass ich seine Signale jahrelang geflissentlich überhört hatte. Magengeschwüre, Dickdarmentzündung, Borelliose nach Zeckenbiss; eine Autoimmunkrankheit der Schilddrüse und manches mehr. Ich hatte mich kaum erholt, schon kam das nächste. War ich selber schuld? Na ja, wenn man sich vom Herren abwendet, braucht man sich nicht zu wundern, dass es einem schlecht geht. So lautete die Reaktion der wenigen, die überhaupt noch mit mir sprachen. Wie war das noch: „Wie ist Dein Glaube, wie ist Dein Gebetsleben, wie ist Dein Opfer? Dann erst kannst Du Gott um Hilfe bitten und Hoffnung haben, dass er Dir auch hilft.“ Solche Gedanken quälten mich zeitweise schon, besonders wenn es mir schlecht ging. Der Kommentar meiner Eltern war inzwischen nicht mehr ganz so offen, eher hinter vorgehaltener Hand.

Ich begann zu vergleichen

Durch mein Orgelspielen hatte ich nach dem Tod von Gerds Vater immer häufiger Kontakte zur Evangelischen Kirche. Ich spielte auf Beerdigungen, zu Hochzeiten oder Taufen und auch in vielen Gottesdiensten. Und da kam es, dass ich anfing zu vergleichen. Es war ja manches von früher auch schön und ich vermisste es schmerzlich. Es kam mir dann oft vor, als flöge ich als bunter Schmetterling von Ort zu Ort, um es etwas wärmer zu machen. Es ist eigenartig. Ich habe erlebt, dass die Liebe und Geborgenheit in der NAK nur bedingt vorkommt und trotzdem vermisste ich das alles. Eine Pastorin sagte mir in einem Gespräch sehr treffend, man müsse sich diese warmen Ecken suchen. Oft ist es sehr kalt in unserer Landeskirche und das nicht nur nach dem Thermometer. Das stimmt. Es hat mir geholfen, weiter meinen Weg zu gehen. Ich habe viele liebe Menschen kennen gelernt, die ich heute nicht mehr missen möchte, auf diesem meinem Weg.

Dritte Heirat

Ich war dreimal verheiratet, sie haben richtig gehört. Spätestens bei bekannt werden dieses Umstandes komme ich in eine Schublade der Vorurteile. Ich weiß, da kommt man schneller hinein als hinaus. Vor anderen Türen kehrt es sich sowieso immer besser. Die Stiefschwester meines Mannes hatte vor Jahren schon gefragt, von wie vielen Männern ich meine vier Kinder habe. Sie war empört über meine männermordende Vergangenheit. Obwohl sie nichts wusste. Also noch einmal, ich gehöre nicht zu den Frauen die vier Kinder von acht Männern haben. Wobei es Frauen gibt, die stolz darauf sind, immer noch in der ersten Ehe zu sein. Wie oft und mit wem sie fremd gehen oder wie sie sich in der Beziehung zerfleischen oder anöden zählt nicht. Wichtig ist der Schein und weiter nichts. Außerdem tratscht es sich gut über andere; dann fallen eigene Missstände mehr ins Hintertreffen, denke ich heute darüber. Ich kann sie also beruhigen. Ich hatte trotz der drei Ehen vergleichsweise wenig Männererfahrung. Ich war viel zu weltfremd.

Ende Juli 2001 habe ich ein drittes Mal geheiratet und dieses Mal aus freien Stücken. Die beiden Pastoren erzählten von unserem Weg und auch für Wilfried wurde in diesem denkwürdigen Gottesdienst gebetet. Dafür, dass er gut aufgehoben sein möge in dem Ort, wo er sich befindet und dass er trotz seines Zustandes dennoch Gottes geliebtes Kind sei. Als die Pastorin ihn der Liebe Gottes anempfahl, konnte ich meine Tränen nicht mehr zurückhalten. Noch nie habe ich einen Gottesdienst in dieser Weise erlebt. In meiner Seele war es still geworden. Mehr können wir nicht tun als Menschen. Meine Eltern und Geschwister waren auch anwesend und ich war glücklich an diesem Tag. Mein Bruder Gerd Holger spielte meine evangelische Orgel. Das machte er gut, so gut, als wäre sie neuapostolisch. Obwohl er mir in der Nacht zuvor noch ganz unmissverständlich gesagt hatte, wie wenig er mich und mein Handeln verstehe. Hart war er da und ich war wieder einmal froh darüber, dass es Gunther gab. Der hat nämlich Partei für mich ergriffen und so tiefgründig diskutiert, dass es mich noch heute froh macht. Er ist eben ein Freund. Zu meiner dritten Hochzeit waren viele Leute aus den Gemeinden gekommen, in denen ich sonst Orgel spiele. Ursprünglich wollten wir eine Hochzeit ganz im Stillen, nun war es ein rauschendes Fest geworden. Für Gerd war es schließlich das erste Mal. Großer Gott wir loben Dich – ließ die Orgelmusik die Kirchenmauern erbeben. Gerd Holger hatte alle Register gezogen. Wenn es denn einen neuapostolischen Gott geben sollte, in diesem Moment waren mit Sicherheit beide da.

Mein Kirchenaustritt

Auch die Zukunft konnte sich nun wieder sehen lassen. Tage vergingen, Wochen, Monate und etwa ein Jahr später fasste ich den Entschluss, nun auch offiziell aus der NAK auszutreten. Ich machte mich stadtfein und schnappte mir meinen Peter, um dann zusammen nach Stavenhagen zu fahren. Die Öffnungszeiten des Standesamtes hatte ich erfragt und war so sicher, auch jemanden anzutreffen. Nun war es offiziell. Ich war nicht mehr neuapostolisch. Als ich da raus kam aus dem Rathaus, lief ich erst mal rum wie Falschgeld. Zwar hatte ich es schon lange gelebt, aber doch immer noch ein Hintertürchen offen. Ich wusste, nun bekamen auch die örtlichen Brüder und der Apostel diese Nachricht. Würden sie mich nun endlich einmal ernst nehmen? Ich bin jemand, der klare Verhältnisse braucht. Drei Wochen später bekam ich Post vom Apostel. Ein netter, sachlicher Brief. Er bedauerte und akzeptierte meine Entscheidung und sprach davon, dass ja immer noch Gnadenzeit sei. Mein Entschluss müsse ja nicht für immer sein. Am Tag darauf fuhr ich zu meinen Eltern, um ihnen die Nachricht meines Kirchenaustrittes zu überbringen. Ich wollte mich nicht mehr verstecken und wollte auch nicht, dass sie es über Dritte erführen. Ich hatte schließlich nichts Verwerfliches gemacht, dessen war ich mir sicher. Ich hatte so gehandelt, wie ich es musste und inzwischen auch wollte. Wer wollte mich deshalb verurteilen. Ich bin kein anderer Mensch geworden, ich habe nichts getan, dessen ich mich zu schämen brauchte. Die Reaktion fiel auch wegen der langen Zeit entsprechend milde aus. Die Zeit, dass meine Eltern mich mieden und mich sogar böse beschimpften, war zum Glück vorbei. Inzwischen weinen und beten meine Eltern immer noch um mich – aber stummer. Beten ist o. k., das Weinen nicht. Es tut weh. Um mich muss niemand mehr weinen. Ich will das nicht. Es geht mir doch eigentlich endlich einmal gut. Aber es gibt wenige Themen, über die wir noch miteinander reden können. Sprachlosigkeit kann auch schlimm sein. Darüber könnte ich manchmal weinen. Also – es lief an diesem Tag ruhig ab. Trotzdem ging es mir eine Woche lang hundsmiserabel. Alles kam wieder hoch. Nachts quälten mich schlimme Albträume. Ein Zeichen dafür, dass alles doch noch lange nicht verarbeitet war. Ich denke auch, dass man das ein Leben lang in irgendeiner Form mit sich herum trägt. Ich sage manchmal scherzhaft: „Ich bin kirchengeschädigt".

GERD

Aber so ganz Scherz ist das nicht. Ein großer Segen für mich ist der Umstand, dass ich Gerd „getroffen" habe. Bei ihm haben Peter und ich ein warmes Zuhause gefunden. Er gibt uns Liebe und Geborgenheit. Dafür bin ich jeden Tag aufs Neue dankbar und froh. Mit ihm kann ich weinen, wenn es denn sein muss, aber bei ihm habe ich auch wieder lachen gelernt. Er ist ein guter Mensch und er ist das beste, was mir bisher in meinem Leben begegnet ist. Auch Gerd ist froh, uns zu haben. Es ist ein Geben und Nehmen. Dabei musste er dieses Glück, von dem er manchmal spricht, teuer bezahlen. Die meisten seiner Verwandten sind mit uns nicht einverstanden. Als alter Junggeselle war er vorher für alle da, nun hat er eine eigene Familie. Auf die Idee, dass es das Normalste der Welt ist, dass sich ein Mann in seinem Alter nach einer Frau sehnt, kommen sie nicht. Schon gar nicht darauf, dass unsere Beziehung keine materiellen Ursachen und Hintergründe hat. Ich liebe Gerd um seiner selbst. Die Wärme und Geborgenheit, die einem nur ein Mensch geben kann, ist durch keine Besitztümer und Paläste ersetzbar. Wie arm sind Menschen doch, die alles nur an äußeren Werten messen. Ich weiß, dass Gerd die Zerrüttung seiner Großfamilie traurig macht, obwohl er fest zu uns steht. Er hat doch aber deshalb keinem anderen etwas Böses getan oder gewollt. Das tut mir in der Seele leid, denn das hat er nicht verdient und auch ich bin mir keiner Schuld bewusst. Wir wissen, dass viele so materiell denken und anderen Menschen auch nicht den Funken einer Chance einräumen wollen. Wie viel Härte gehört dazu, zu sagen, man wisse nicht, was der andere überhaupt an einem finde. Der Satz, ich würde so gar nicht dem Typ Frau entsprechen, die mein Mann mag, hat auch ihn erstaunt. Was manche so alles wissen. Mit allen Mitteln haben sie versucht ihre Ablehnung zu zeigen, diese uns spüren zu lassen. Wir können machen was wir wollen, alles ist mit Sicherheit falsch. Worte, Geschenke, Handeln … Nichts ist richtig, nichts ist gut. Sie müssen mich ja nicht lieben, nur akzeptieren. Alles was wir machen, obwohl wir uns wirklich bemüht haben, wird falsch ausgelegt. Wir sind nach wie vor bereit, das Unsere zu tun und wären froh über eine Wende. Darauf hoffen wir. Schade zwar, wenn schon im Kleinsten, in den Familien Unfrieden herrscht, dann brauchen wir uns im Großen nicht wundern. Ich habe doch nichts verbrochen. Im Gegenteil! Das, was ich geleistet habe, sollen sie alle erst mal nachmachen. Es gibt tatsächlich Menschen, die uns nahe stehen sollten, die meinen, vier Kinder zu haben ist asozial. Ich bin stolz auf meine vier Kinder und kann es, denke ich, auch sein. Ein Vierteljahr nach meinem Kirchenaustritt aus der NAK stand ein Sommerfest mit der gesamten Gemeinde der Evangelischen Kirche Ivenack auf dem Plan. 14.00 Uhr Gottesdienst und anschließend gemütliches Beisammensein auf dem Gelände des Pfarrhauses. Ein riesiges Festzelt war aufgebaut und die Tische waren festlich gedeckt. Es duftete nach selbstgebackenem Kuchen und frischem Kaffee. Da ich zu dem Zeitpunkt schon lange die Gottesdienste in der Evangelischen Kirche mit meiner Musik begleitete, hatte ich genügend Gelegenheit, mich damit auseinander zu setzen. Ich habe es mir nicht leicht gemacht. Manches hat mich gestört, aber trotzdem war ich inzwischen vom Herzen her schon immer mehr evangelisch geworden. Es hat lange gedauert, bis man mich ohne Argwohn dort angenommen hat, wie ich bin. Dabei wollte ich mich nur einbringen. Ein Teil dessen, was ich als gut in der NAK erlebt hatte, hing noch in meinen „Flügeln", wenn ich nun als Schmetterling „über die Felder flog". Diese Liebe, die ich zwar in schweren Zeiten als nicht tragfähig erlebt hatte, vermisse ich ungemein. Ein Streicheln, ein freundliches Wort kostet nichts und macht alles viel heller, viel wärmer. „Du musst die warmen Ecken suchen!" hatte Maria, unsere frühere Pastorin gesagt und mir in manchen Gesprächen Einblick in ihre gläubige Seele gegeben. Leider ist sie dann mit ihrer Familie weggezogen. Nun suche ich und fühle mich oft getragen, durch diese Worte.

NUN BIN ICH EVANGELISCH

Der Tag, an dem das Sommerfest stattfand, war mein erster Tag, an dem ich auch offiziell evangelisch war. Die Gemeinde war versammelt und das schien mir ein würdiger Rahmen für diesen schwerwiegenden Schritt zu sein. Wen sollte es mehr angehen, als die Gemeinde, dass ich nun einer von ihnen war. Es war für mich ein so wichtiger Tag, dass ich meinte, es müssen da die Engel im Himmel tanzen vor Freude. Damit meine ich nicht, dass ich mich als Person dermaßen überbewertet hätte. Ich finde einfach, wenn ein Mensch zu Gott kommt, wie auch immer, ist das Grund zu Freude. Ich war nun angekommen. Dabei erinnere ich mich an einen Tag zwei Jahre vor diesem Sommerfest. Ganz nebenbei hatte mich der Pastor V. gefragt, ob ich denn nun schon evangelisch sei. Ich war empört über die Oberflächlichkeit dieser Frage. Als könne man einen so wichtigen Schritt zwischen Frühstück und Gänsebraten erledigen. Aber auch an diesem für mich wichtigen Tag im Sommer 2002 war ich wohl so ziemlich die einzige, die das so ernst nahm. Der Pastor hatte zwar versprochen ein Gebet für mich zu sprechen und ich stellte mir das alles sehr feierlich vor. Nichts davon erfolgte dann. Im Grunde war es dann alles ziemlich ernüchternd und kühl. Es war, wie eine An- oder Abkündigung über die letzte Kollekte oder andere übliche Ereignisse. Der Hammer war dann eine Begegnung nach dem Gottesdienst. Während ich dabei war mein Keyboard ins Auto zu packen und meine Noten einsammelte, kam zu mir ein Mann, der fast immer in den Gottesdiensten anwesend war. Mit leuchtenden Augen sagte er mir: „Mensch Winni, das ist aber schön!" Ich schaute ihn an und bestätigte überzeugt: „Ja!" Dabei hatte ich nicht bemerkt, dass er seinen Satz noch nicht zu Ende gesprochen hatte. „Wie teuer war das neue Auto?" Ich weiß nicht, ob sie mich verstehen. Aber für mich war das wie ein Schlag ins Gesicht. Dabei verurteile ich nicht diesen Mann. Nur, es ist leider für viele und manches nur typisch. Was zählt, sind äußere, materielle Werte. Ich habe sehr oft versucht, auch mit Pastoren ins Gespräch über mich und meine Vergangenheit zu kommen. Das interessiert überhaupt nicht. Notfalls hört man es sich an, aber ebenso schnell ist es vergessen. Das finde ich schlimm und teilweise auch unverantwortlich. Ist es doch ein Grund, dass viele Menschen in ähnlichen Situationen in andere Randgruppen oder Sekten abdriften. Mit meinen Zeilen will ich aufrütteln. Ein Pastor sollte unbedingt sensibel mit einer solchen Thematik umgehen. Ich glaube, dass man bei der Vielseitigkeit eines Theologiestudiums wohl vergessen hat, die angehenden Pastorinnen und Pastoren über andere Kirchen oder harmlos erscheinende Randgruppen zu unterrichten. Eine „Unterlassungssünde", die nicht unterbewertet werden sollte. Die Neuapostolische Kirche ist mit Sicherheit keine harmlose Freikirche. Professor OBST, ein Theologe, der sich mit der Neuapostolischen Kirche in einem Buch befasst hat, fragt, ob es eine exklusive Endzeitkirche oder eine gefährliche Sekte ist. Ich kann nur sagen, was sie bei mir angerichtet hat. Jeder muss das natürlich für sich entscheiden. Aber wenn man meint, damit nicht mehr zurecht zu kommen, wo findet man Hilfe? Wo soll man hin? Vielleicht gelingt es mir, durch meine Aufzeichnungen ein wenig dazu beizutragen, dass sich in diesem Punkt etwas mehr Tiefgründigkeit breit macht. Es geht um Menschen. Wie viele sollen denn noch auf der Strecke bleiben?

ICH BIN ANGEKOMMEN

Es ist Morgen. Draußen blühen die ersten Schneeglöckchen und auch schon erste Krokusse wagen sich aus der gerade getauten Erde. Ich staune darüber, wie viel Kraft die Sonne schon hat. Es ist ein schöner klarer Frühlingstag, dabei waren vor 14 Tagen noch fünf Grad minus. Ich bin froh darüber, dass das alles vorbei ist. Nächste Woche muss ich mir neun Zähne ziehen lassen, denn ich habe nun auch noch eine schwere Metallvergiftung und etliche Eiterherde, die ich sonst nach Meinung der Ärzte nicht mehr lange überleben würde. Ich sehe dem gelassen entgegen. Vor Jahren noch wäre ich über ein volkseigenes (künstliches) Gebiss sehr unglücklich gewesen. Aber ich habe mich wirklich verändert und Dinge, die mir vor Zeiten noch wichtig erschienen, sind es heute nicht mehr in der Tragweite. Ich bin immer noch nicht froh darüber. Natürlich nicht. Aber ich weiß, es gibt viel Schlimmeres.

WIEDER IN DER SCHULE

Übrigens, es gibt da eine nächste spannende Neuigkeit in meinem Leben. Letzten Herbst habe ich mich angemeldet zum C-Kurs für ehrenamtliche Kirchenmusiker. Als Rentnerin habe ich Zeit und meine rheumageplagten Gelenke Bewegung bitter nötig. Ich will mich nicht hängen lassen, das macht alles nur schlimmer. Ich habe zwar berechtigte Bedenken, ob ich das alles überhaupt schaffe, denn ich habe Tage, an denen es mir immer noch nicht gut geht und ich mich ziemlich quäle. Doch der Gedanke ließ mich nicht mehr los und ich wagte, wie ein Nichtschwimmer, den Sprung ins kalte Wasser. Ich begann für die Aufnahmeprüfung zu üben und machte mit Gott einen Deal: Wenn er mich die recht anspruchsvolle Aufnahmeprüfung bestehen lässt, gibt er mir auch die Kraft, für die restlichen zwei Jahre. Das hoffe ich zumindest.

Am 14.11. war es dann so weit. Mit klopfendem Herzen und schweißnassen Händen betrat ich die Marienkirche in Rostock – schon zwei Stunden vor dem angesetzten Termin. Schließlich hätte es auch einen Stau auf der Hinfahrt geben können. Aber die Fahrt lief glatt, so dass wir noch genügend Zeit hatten. Mit Hilfe einer Tasse duftenden Kaffees und einem frischen Stück selbstgebackenen Kuchens in der gemütlichen Kaffeestube der Gemeinde, gegenüber der Kirche überbrückten wir, mein Mann und ich, diese Zeit. Dann war es so weit. Die Prüfung begann und glücklich fiel ich nach etwa zwei Stunden meinem Mann auf offener Straße um den Hals. Die erstaunt guckenden Passanten waren mir egal. Inzwischen habe ich schon zwei Kurswochen in Greifswald absolviert und fahre wöchentlich zu Frau Schumann, meiner Lehrerin nach Malchin. Ich weiß, dass sie es mit mir nicht immer leicht hat und das tut mir auch leid. Oft macht mir meine miserable Konzentrationsfähigkeit einen Strich durch das, was ich gerne will. Aber da muss sie durch, schließlich habe ich diesen Ärger mit mir ja auch selbst. Ich nutze die Phasen, in denen es mir besser geht, zum Üben. Klavier, Orgel, Gesang, Chor ... Einen Chor gibt es seit kurzem in meinem jungen (zweiten) Leben auch wieder. Um C-Kantor zu werden, muss man in einem mitsingen. Ich sitze als Sopran brav jeden Dienstag Abend neben dem Tenor und trällere fröhlich mit. Es ist nicht nur Pflichtübung, es macht auch Spaß.
Danke Gott!

Danke Gott, du hast gehalten,
meine Hand in all dem Sturm.
Als ich unten und alleine,
wie in Erde kriecht ein Wurm.
War getreten und geschunden,
dann kamst du und hast geführt.
Dass ich eines Tages wieder Wärme,
Freude auch gespürt.
Als ich dachte, hört das Leiden
denn nun wirklich nicht mehr auf,
zog mich Gottes Liebe sachte
aus dem Trauern zu sich rauf.
Zeigte mir die warmen Ecken,
seine Liebe dann und wann.
Gab mir, als ich nichts mehr hoffte,
sogar wieder einen Mann.
Danke Gott für deine Liebe.
Ich bin froh, dass es dich gibt.
Auch wenn wieder mal ganz unten,
weiß ich mich von dir geliebt.
Aber Gott nun halt mich bitte.
Lass mich nicht mehr so allein.
Möchte für den Rest des Lebens
ganz in Dir geborgen sein.

Wir haben endlich nach zwei langen Jahren wieder eine Pastorin. Darüber sind wir froh. Eine junge Familie mit zwei Kindern wohnt seit Dezember im Pfarrhaus und erfüllt es mit Leben. Nun wollen wir zusammen dafür sorgen, dass auch Leben in der Gemeinde wächst. Manchmal in den vergangenen Monaten haben wir schon befürchtet die Pfarrstelle würde nicht wieder besetzt. Glücklicherweise hatten wir zwei besonders aktive Kirchenälteste. Dank Konny und Falko fangen wir nicht bei null an. Gut, dass wir wieder eine Pastorin haben. Es kann also vorwärts gehen. Wir sind nach dieser Erfahrung ohne Pastor besonders dankbar wieder jemand zu haben, wie in allen Bereichen weiß man, dass erst nach einer Mangelsituation richtig zu schätzen. Nun geht es bergauf. Gut so.

Ich bin angekommen! Mein Leben zählt fast ein halbes Jahrhundert. Still sitze ich am Fenster und denke nach. Ich habe mich verändert. Zwischen meinen roten Haaren sind etliche graue und ich bin nicht mehr klein und zierlich. Leider! Mein Konfirmationskleid habe ich noch, aber da passe ich längst nicht mehr hinein. (Ein blauer Faltenrock mit passender Jacke und einer weißen Bluse mit hübschen Rüschen.) Aber ich habe einen großen begehbaren Kleiderschrank. Vielleicht zerschneide ich das Kleid und nähe mir was daraus? Manche Klamotten hängen da noch, die ich gut mit verwenden könnte. Farbenfrohe, kunterbunte, graue, schwarze, weiße in den unterschiedlichsten Materialien. Wolle, Jersey, Brokat, Manchester, Stretch, Jeans sowie Seide und Leinen ... Interessiert halte ich die Stoffe aneinander und beginne zu schneidern. Ohne Schnittmuster, ohne Anleitung. Runde, dreieckige, vier-, sechs- und achteckige Teile wie in einem Puzzle entstehen. „Was soll denn das?“ fragt mein entsetzt blickender Mann. Ich habe aber einen dicken Kopf und schneide munter weiter. Warte einfach ab, ich weiß schon was ich mache. Schließlich ist es doch schade um all die schönen Sachen, die nicht mehr passen. „Und wenn du wieder abnimmst?“ Das ist zwar gelegentlich auch mein Wunsch, doch in Kleidergröße 36/38 passe ich mit Sicherheit nie wieder hinein. Da nickt auch Gerd. Das hat ihn wohl überzeugt. Ich lege nun die Teile aneinander und meine Nähmaschine näht sie mit schönen Stichen neu zusammen. Tage später staunt nicht nur mein Mann, sondern auch ich. Es ist wunderschön geworden und steht mir auch, mein neues Teil, wenn ich das mal sagen darf. Es ist wieder einmal Abend geworden. Wir trinken Tee und haben es uns gemütlich gemacht. Der Fernseher läuft und eine Frau erklärt gerade, dass zur Zeit Patchwork modern ist und die Leute dafür viel Geld bezahlen. Zärtlich streichele ich über den blauen Plisseestoff und die weißen Rüscheneinsätze in meinem neuen Kleid.

Nachwort

Winnifried Lange – als ich sie kennenlernte, war ich selbst erst kurze Zeit auf meiner ersten Pfarrstelle und sie war gerade zu ihrem jetzigen Mann in einen der Orte unserer Kirchgemeinde gezogen. So war für uns beide vieles neu, die Menschen, der Wohnort und, wenn man so will – die Kirchgemeinde. Irgendwann kam sie in einen unserer kärglich besuchten Sonntagvormittaggottesdienste und stellte sich vor. Sie zeigte Interesse an dem Leben in unserer Kirchgemeinde und machte mir deutlich, wie wichtig ihr der Glaube sei. Das weckte meine Neugier, denn das war keine alltägliche Erfahrung. Sehr bald erfuhr ich von ihrer Herkunft, von der ursprünglichen Beheimatung in der Neuapostolischen Kirche, von der ich bis zu diesem Zeitpunkt nicht viel mehr wusste, als man in der Ausbildung so ungefähr erfuhr. Je mehr wir miteinander ins Gespräch kamen, um so stärker empfand ich ihr Bedürfnis zu erzählen, von dem wie ihr Leben von dieser Kirche geprägt wurde. Sie war auf Abstand gegangen nach vielen persönlichen schweren Erfahrungen. Aber das Herz war immer noch ein ganzes Stück dort zu Hause – dort, wo die Eltern noch lebten und um das Seelenheil ihrer „verlorenen" Tochter beteten. In all ihren Erzählungen und ihren Ansichten über das Leben und den Glauben an Gott schimmerte es durch. Die Verzweiflung über die an sich so geborgene und wunderschöne Kindheit, aus der sie, sobald sie erwachsen und selbstständig ihren Weg suchte, verstoßen wurde, wie aus dem Paradies, in welches sie nicht mehr zurück konnte. Einmal, weil sie es selbst nicht mehr wollte, und weil sie es mit den Erfahrungen, die sie nun gemacht hatte, nicht mehr konnte. Sie hatte nicht nur in ihrem Herzen mit diesem Schmerz zu kämpfen. Es äußerte sich in den späteren Jahren auch in psychosomatischen Erkrankungen. Was die Seele auf

Dauer kränkt, legt sich irgendwann auch auf den Körper. Sie ging aber immer offen mit diesen Krankheiten um, nahm sich selbst ernst und hoffte irgendwann einmal mit all dem über dem Berg zu sein. Sie suchte die Auseinandersetzung mit ihrer Geschichte. Zugleich blieb aber auch die Suche nach den paradiesischen Verhältnissen in einer neuen Gemeinschaft, in unserer evangelisch-lutherischen Kirchgemeinde Mecklenburgs, die zudem noch eher zu den nicht sehr lebendigen zählt, reichlich schwer. Unsere Gespräche kreisten immer wieder um den recht kühlen Wind, der einem hier entgegen blasen konnte. Und das gerade dann, wenn einer oder eine, wie sie, bereit war, sich zu engagieren und offen über ihren Glauben zu erzählen. Sie vermisste die familiäre Atmosphäre, den fast täglichen Zusammenhalt, so wie sie es kannte. Zu dem war da immer wieder die Frage nach Gott und wie lebt man als Christ richtig. Mache ich mich vielleicht schuldig, wenn ich nicht so lebe, wie es die neuapostolische Kirche von mir erwartet? Ist da Heil wirklich verlorenen? Oder ist Gott noch anders, als ich ihn bisher kennen lernte?

Ihr Leben und Fragen, ihr Engagement ist eine Suche nach dem Geliebtwerden und dem Lieben, das, was das Leben eben wirklich reich macht – Leben in einer Gemeinschaft. Ihre Kindheit, ihre Jugend, ihre Beziehungen, ihre Kinder hatten sie dafür sensibel gemacht. So blieb ihr Blick, auf all das, was geschah, kritisch – auch, was ihr eigenes Tun und Denken betrifft. Sie sucht Wahrhaftigkeit und Ehrlichkeit in den Menschen, um auf diese Weise dem Gott zu begegnen, der sie annahm, ohne es an Bedingungen zu knüpfen. Ein anderer als der, den sie „Elite-Gott" nannte, und wo immer die Gefahr lauerte, dass man aus seiner Gnade herausfiel, auch wenn man eine „phantastische Segenslinie" vorzuweisen hatte.

Heute bin ich nicht mehr in der Gemeinde Pastorin, wo sie mit ihrer kleinen Familie lebt. Ich höre dann und wann von ihrem Ergehen. Inzwischen gehört sie zur evangelischen Kirche, hat sich dazu bewusst entschlossen. Es ist ihr sicher nicht leicht gefallen, gerade wenn es von vielen nicht zur Kenntnis genommen und geschätzt wird. Drum bewundere ich sie für ihre konsequente Art, ihren Weg zu gehen.

Maria Harder
Gammelin, den 16.06.2003

Bereits erschienen:

Thomas Heberer:
Falungong – Religion, Sekte oder Kult?
Eine Heilsgemeinschaft als Manifestation von Modernisierungsproblemen und sozialen Entfremdungsprozessen
Reihe: Religio - Wissen, Nr. 1
Jena: IKS Garamond, 2001
ISBN 3-934601-38-3
Preis: 8,00 EUR

Prof. Heberer analysiert die hinter Falungong stehende Ideologie des Sektengründers Li Hongzhi sowie die sozialen und politischen Hintergründe des Entstehens dieser Bewegung.

Solveig Prass:
Suizid–Foren im World Wide Web
Eine neue Kultgefahr
Reihe: Religio - Wissen, Nr. 2
Jena: IKS Garamond, 2002
ISBN 3-934601-51-0
Preis: 6,00 EUR

Fast unbemerkt von der Öffentlichkeit ist im World Wide Web eine suizidale Subkultur entstanden. Dabei geraten vor allem Jugendliche über Foren und Chats rund um den „perfekten Selbstmord" in lebensbedrohliche Situationen, mitunter sogar mit tragischem Ausgang. Solveig Prass zeigt diese Gefahren auf, macht Eltern und Erziehern Mut, nach Lösungen zu suchen, und verweist auf öffentliche Hilfsangebote.

Ursula Neitz:
Weltenwechsel
Phänomene des Übergangs in Biographien ehemaliger Zeugen Jehovas
Reihe: Religio - Wissen, Nr. 3
Jena: IKS Garamond, 2004
ISBN 3-934601-81-2
Preis: 14,00 EUR

Die Forschungsergebnisse von Ursula Neitz belegen, dass für die Effizienz von Beratung und Hilfeleistung neben fachlicher Kompetenz fundierte Kenntnisse über den sozialisatorischen, lebensweltlich bedingten biographischen Hintergrund wichtig sind. Die Autorin bietet praktisches Handwerkszeug für die Beratungs- und Therapiearbeit mit Aussteigern aus totalitären Strukturen.

Gerhard und Helga Krawczyk:
Die Sektenfalle
Reihe: Religio - Texte, Nr. 1
Jena: IKS Garamond, 2002
ISBN 3-934601-55-3
Preis: 12,00 EUR

Die Autoren schildern den qualvollen Verlust ihrer Tochter an einen pädophilen alten Mann, der ein junges Mädchen mit den gleichen Methoden von sich abhängig macht, wie sie auch Sektengurus verwenden. Der Bericht belegt in eindrucksvoller Weise, dass Abhängigkeit und Hörigkeit nicht nur in religiösen Gruppen auftreten, sondern in allen Bereichen des Lebens.

Helke Helberg:
Der Ruf des Gurus
Reihe: Religio - Texte, Nr. 2
Jena: IKS Garamond, 2003
ISBN 3-934601-65-0
Preis: 10,00 EUR

„Niemand geht mit dem Kopf in eine Sekte, immer mit dem Bauch. Deshalb wird es allerhöchste Zeit, dass die Experten der emotionalen Seite mehr Beachtung schenken. Es ist meine Überzeugung, dass niemand für Betroffene eine Hilfe sein kann, wenn er/sie nicht auf Betroffene hört und von ihnen lernt. Denn nur sie können mitteilen, was und wie ihnen im Kult geschehen ist."
Die Autorin zeichnet ein bedrückendes Bild von Abhängigkeit und lässt den Leser am schmerzlichen Prozess der Lösung teilhaben.

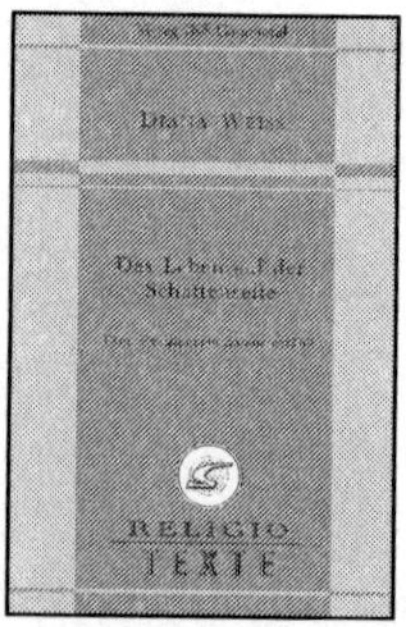

Diana Weiss:
Das Leben auf der Schattenseite
Eine Ex-Dienerin Satans erzählt
Reihe: Religio - Texte, Nr. 3
Jena: IKS Garamond, 2003
ISBN 3-934601-66-9
Preis: 10,00 EUR

Dieser authentische Lebensbericht einer Frau, die in einer satanistischen Gruppe missbraucht, geschunden und vergewaltigt wurde, ist ein Beitrag zur aktuellen Diskussion um rituelle Gewalt in Deutschland.

Margareta Huber:
Wenn Frauen nicht mehr schweigen
Eine Ex-Zeugin Jehovas erzählt
Reihe: Religio - Texte, Nr. 4
Jena: IKS Garamond, 2004
ISBN 3-934601-79-0
Preis: 14,00 EUR

In einem ergreifend persönlichen Bericht wird die schmerzhafte innere und äußere Trennung von den Zeugen Jehovas beschrieben. Das Resumee ihres Lebens gibt Hoffnung und Zuversicht: „Auch andere sind aus diesem harten Kampf siegreich hervorgegangen. Und es ist ein Kampf, der sich lohnt, denn es gibt den wichtigsten aller Preise zu gewinnen: das Leben. Dafür ist kein Einsatz zu schwer."

Ursula Neitz:
Dämonen auf dem Dach
Lebensberichte von ehemaligen Zeugen Jehovas
Reihe: Religio - Texte, Nr. 5
Jena: IKS Garamond, 2004
ISBN 3-934601-83-9
Preis: 14,00 EUR

Diese Dokumentation des Vereins Ausstieg e. V. vermittelt zunächst Informationen über die Zeugen Jehovas. Sodann wird anhand ausgewählter Biographien den Problemen für Aussteiger nachgegangen, die sich vom Beginn des Lösungsprozesses bis hin zum Leben außerhalb der Gemeinschaft ergeben. Schließlich wird der Erfahrungsschatz der Autoren wissenschaftlich–theoretisch analysiert.

Satz: Anja Maiwald
Umschlagentwurf: Falk Müller